Sachunterricht be-*greifen*

Experimente und Studien für den
Sachunterricht in der Primarstufe

Band 3

von

Klaus Klein, Claudia Mendel und Ines Milardovic

Schneider Verlag Hohengehren GmbH

Gedruckt auf umweltfreundlichem Papier (chlor- und säurefrei hergestellt).

Die Deutsche Bibliothek – CIP-Einheitsaufnahme

Sachunterricht be-greifen : Experimente und Studien für den Sachunterricht in der Primarstufe. –
Baltmannsweiler : Schneider-Verl. Hohengehren
  Bd. 3 / von Klaus Klein .... – 2000
  ISBN 3-89676-245-1

© Schneider Verlag Hohengehren, 2000.
  Printed in Germany – Druck: Wilhelm Jungmann Göppingen

Die Autoren bedanken sich bei

Christiane Helbig
für die graphische Gestaltung der Versuchsskizzen

Tatjana Carl
für das Austesten einiger Experimente

den Mitarbeitern der Forschungsstelle für Gesundheitserziehung
im besonderen bei Rainer Becker, Oliver Stosiek, Ulrich Oettinger, Anja Kleine und Patricia Roser
für die geduldige Unterstützung

Inhaltsverzeichnis:

Vorwort

Der Sachunterricht ist neben dem Deutsch- und Mathematikunterricht eines der Kernfächer der Grundschule. Im Vordergund steht in diesem Fach die fächerübergreifende Erschließung der Lebenswirklichkeit der Schüler.

Die Schüler sollen vom Schubladen-Denken bewahrt werden und lernen Sachverhalte als Teil eines Ganzen zu erkennen.

Dies kann aber in ausreichendem Maße nur durch ein praktisches Umgehen mit den verschiedensten Elementen und Gegebenheiten erfolgen.

In einer Welt der zunehmenden Visualisierung, in der das Fersehen und der Computer einen immer größeren Stellenwert einnehmen, gewinnt das eigenständige Handeln eine zunehmende Bedeutung.

In der Grundschule soll dem Schüler die Möglichkeit gegeben werden, Erfahrungen zu machen, durch die er ein elementares naturwissenschaftliches Denken aufbauen kann. Hier sollen den Kindern wissenschaftliche Zusammenhänge praktisch nähergebracht werden.

Die Experimente in diesem dritten Band der Reihe „Sachunterricht begreifen" sollen den Schülern die Möglichkeit geben grundlegende naturwissenschaftliche Gegebenheiten selbstständig zu erkennen und zu erforschen.

Sachunterricht sollte sich an der praktischen Umsetzung der Lerninhalte messen lassen.

Das Schüler-Experiment bietet dem Schüler eine Anleitung zu naturwissenschaftlichem Denken und Arbeiten und wird somit der Wissenschaftorientierung des Sachunterrichts gerecht.

Durch das eigenständige Arbeiten soll die Motivation der Schüler gefördert werden, eigene Ideen mit einzubringen, Hypothesen aufzustellen und diese durch logische Schlussfolgerungen zu verifizieren.

Köln, November 1999   Die Autoren

Hinweise zum Arbeiten mit diesem Buch

Wie kann der Lehrer dieses Buch nun nutzbringend und thematisch folgerichtig im Unterricht verwenden ?

Auf den nächsten Seiten sind die *Aufgabenschwerpunkte* aus den *Rahmenrichtlinien* für den Sachunterricht in der Grundschule aufgeführt. Hier haben wir zwischen Schwerpunkten für die Klassen 1 und 2 sowie für die Klassen 3 und 4 unterschieden.
Wir haben die Schwerpunkte in weitere *Rubriken* unterteilt und ihnen die Experimente und Studien aus diesem Buch mit der jeweiligen Versuchsnummer zugeordnet.
Suchen Sie sich also die passenden Versuchsnummern zu dem von Ihnen gewünschten Thema heraus.

Auf den Seiten nach der jeweiligen *Zuordnungstabelle* finden Sie den Namen des Experimentes und die Seitenangabe zur gewünschten Versuchsnummer. Schlagen Sie nun die angegebenen Versuche nach, vergleichen Sie sie. Dann können Sie sich für den für Ihre Klasse und Lehrsituation am meisten geeigneten Versuch entscheiden.

Der Zuordnungstabelle können Sie ebenfalls entnehmen, welche Experimente und Studien sich für einen *fächerübergreifenden Einsatz* eignen.
Gerade bei Versuchen, die aufwendige Konstellationen erfordern, bei denen viel ausgemessen und gebaut werden muß, kann der Lehrer sehr gut fächerübergreifende Aspekte umsetzen.
Es kann auch sehr lohnend sein, Teilaspekte aus dem Deutsch- oder Sportunterricht zu vertiefen, um so zu einer ganzheitlicheren, praxisnahen Lernzielvermittlung zu gelangen.

Den Schülern kann somit der Bezug zwischen den einzelnen Unterrichtsfächern verdeutlicht werden.

Zuordnung der Versuche zu den Themen der Klassen 1 / 2

Themenbereiche	Versuchsnummer	fächerübergreifend einzusetzen in:				
		Mathematik	Sport	Kunst	Musik	Deutsch
Schule und Schulweg	71, 72	71				71
Zu Hause und auf der Straße	71					
Kleidung und Körperpflege	37, 34	34	37			
Essen und Trinken	32, 33, 49, 53, 54, 51					
Pflanzen und Tiere	41, 43, 44, 45, 46, 47, 48, 50, 51, 53, 54	47, 50	41			53, 54
Zeit und Zeiteinteilung	1	1				
Werkstoff und Werkzeug	22, 26, 27, 28, 29, 30, 31					22
Ich und die Anderen	38, 41		38, 41			
Natüliche und gestaltete Umwelt	1, 70, 73, 78, 6	1, 6		70, 73, 78	78	6

Zuordnung der Versuche zu den Themen der Klassen 3 / 4

Themenbereiche	Versuchsnummer	fächerübergreifend einzusetzen in:				
		Mathematik	Sport	Kunst	Musik	Deutsch
Natürliche und gestaltete Umwelt						
Boden	44	44		44		44
Licht	1, 2, 3, 4, 5	1, 4		1		
Elektrizität / Strom	23, 24, 25, 26, 27,					
Energie	2, 3, 5, 11, 75					
Tiere und Pflanzen	41, 42, 43, 44, 45, 46, 47, 48, 51	50	41			44
Umweltbewußtsein	44, 45, 48, 69, 72	72	69			
Körper und Gesundheit						
Körper	37, 38, 40, 42, 64	37, 40	37	64		
Sinnesorgane	32, 33					
sehen: Auge	36, 39					
hören: Ohr	34 , 35, 78	34			34, 35, 78,	

Themenbereiche	Versuchsnummer	fächerübegreifend einzusetzen in:					
		Mathematik	Sport	Kunst	Musik	Deutsch
Ernährung	10, 32, 33, 49, 51, 53, 54					53, 54
Stoffe und ihre Eigenschaften	6, 7, 15, 21, 22, 31, 80	6		6, 7		6
Materialien und Geräte	9, 64, 74, 78			78	78	77, 74
Luft, Wasser, Wärme						
Luft	11, 59, 60, 61					
Wasser	12, 13, 14, 15, 16, 17, 18					
Wärme	14, 16					
Wetter und Jahreszeiten	3, 4, 50					
Früher und heute	1, 69, 71, 74	1		74		74, 71
Essen und trinken	10, 32, 33, 51					
Sonstiges	6, 7, 38, 69, 71, 73	8	69	73, 6, 7		

Glossar zu den Versuchen

Versuchs-nummer	Versuchsbezeichnung	Lehrer- / Schüler-versuch	Jahr-gangs-stufe	Seite
1	Die Taschen- Sonnenuhr	S	3/4	20
2	Der Solarofen	S	3/4	23
3	Sonnenkraft,die Bewegung schafft	S	3/4	25
4	Der Lauf der Sonne	S	1 – 4	27
5	Die Sonnenturbine	S	1 - 4	29
6	Dein eigenes Knetgummi	S / L	1 – 4	31
7	Wachsmaler selbstgemacht	S / L	1 - 4	33
8	Gummi aus Naturprodukten	S / L	2 – 4	35
9	Der Spion	S	3/4	37
10	Selbstgemachte Brauselimonade	S	1 – 4	39
11	Die Gaskanone	S	1 - 4	41
12	Ein Springbrunnen in der Flasche	S	2 – 4	43
13	Wie ein Schlittschuhläufer	S	1 – 4	45
14	Der Unterwasservulkan	S / L	1 – 4	47
15	Die heiße Lösung	S / L	2 – 4	49
16	Ein Pappbecher als Kochtopf	S / L	2 – 4	51
17	Unterwassermusik	S	1 – 4	53
18	Wasser in der Wüste	S	3 / 4	55
19	Der Wasserfilter	S	2 – 4	57
20	Wir bauen einen Elektromagneten	S	3/4	59
21	Die Magnetbilder	S	3/4	61
22	Was ein Magnet so alles kann	S	3/4	63
23	Ein Bleistift als Zauberstab	S	3/4	66
24	Der elektrisierte Filzstift	S	2 – 4	68
25	Springende Papierfische	S	2 – 4	70
26	Der einfache Stromkreis	S	3/4	72

Hinweise für das Experimentieren
mit Schülern

Durch einen praktisch-orientierten Sachunterricht kann, wie bereits erwähnt, ein großes Spektrum an Lernzielen erreicht werden.

Damit dies gelingt, ist es allerdings erforderlich, mit den Schülern einige Spielregeln zu erarbeiten und einzuhalten.

Dies geschieht einerseits, um möglichen Gefahren vorzubeugen. Andererseits aber können die Schüler so auch die Möglichkeiten, die ihnen die Experimente bieten, umfassender nutzen. In erster Linie ist hier der Einblick in ein exaktes und wissenschaftliches Arbeiten zu nennen.

1. Auf dem Arbeitsplatz sollten nur die für das Experiment benötigten Dinge liegen. Vor allem Nahrungsmittel sind beim Experimentieren absolut fehl am Platze.

2. Wichtige Regeln oder Hinweise zum Ablauf des Experiments können zur besseren Visualisierung an die Tafel geschrieben oder an die Wand projiziert werden.

3. Der Lehrer sollte die „Protokollführung" vor dem Experimentieren genau erklären und üben, damit die Schüler den größtmöglichen Lernerfolg erzielen können.

4. Es ist hilfreich, zuverlässige Schüler festzulegen, die bei der Materialausgabe und beim Einsammeln nach dem Experimentieren helfen.

5. Die ausgeteilten Materialien und Geräte sollen erst benutzt werden, wenn der Lehrer ihren Gebrauch und den Versuchsablauf *komplett* erläutert hat.

6. Während des Experimentierens sollen die Schüler konzentriert und ausschließlich an ihrem Platz arbeiten. Gerade ein Herumrennen durch die Klasse kann zu neuen Gefahren durch umkippende Gläser oder ähnlichem führen.

7. Gefahren bergen auch „Schlabber-Pullis" mit weiten Ärmeln oder ähnliche Kleidungsstücke, die beim Experimentieren schnell beschmutzt werden können bzw. mit denen man leicht etwas umwerfen kann.

8. Hinweisen oder Warnungen des Lehrers muß sofort Folge geleistet werden.

Zur Handhabung der Experimente

Wir haben uns bemüht, die Experimente und Studien in einem einheitlichen, leicht verständlichen System aufzubereiten. Nachfolgend wollen wir Ihnen nun dieses System erläutern:

1. Die Seitenaufteilung:

Alle Experimente oder Studien umfassen mindestens zwei Seiten.

Die *erste Seite* beinhaltet ausschließlich *didaktische Informationen* für den Lehrer.

Auf der *zweiten Seite* wird eine *Beschreibung des Experiments* inklusive einer *Skizze* aufgeführt. Bei sehr umfangreichen Versuchsbeschreibungen wird noch eine weitere Seite für die Skizze benötigt.

Wenn Sie planen, das Experiment als ein Schülerexperiment durchzuführen, so ist die zweite (und die evtl. vorhandene dritte Seite) als *Kopiervorlage* gedacht. Um die Versuchsbeschreibung und die Skizze auf Din A4-Format zu erhalten, müssen Sie die Original-Buchseite lediglich mit 135%-Vergrößerung kopieren.

Zu einigen Experimenten haben wir auch ein *Arbeitsblatt* erstellt, welches ebenfalls kopiert werden kann und der Sicherung von Ergebnissen und Lernzielen dient.

2. Die erste Seite - didaktische Informationen:

Oben auf der ersten Seite findet sich der Name des Experiments. Darunter befindet sich der „Rahmeninfo-Kasten", deren Einteilung und Symbolik wir zuerst erläutern wollen:

a) Der „Rahmeninfo-Kasten"

geeignet für Klasse	Lehrer-/Schüler-Experiment (Gruppengröße)	Vorberei-tungszeit	Dauer des Experiments	Schwierig-keitsgrad
2 / 3	(3-4)	10 min	25 min	☺☺☺

geeignet für Klasse

In diesem Feld ist angegeben, für welche Klassen sich der Versuch eignet. Teilweise lassen sich die Experimente auch durch leichte Veränderungen so modifizieren, daß sie auch in anderen Klassen angewandt werden können. Wir haben uns hauptsächlich danach gerichtet, für welche Stufen das Thema im Lehrplan angegeben ist.

Hier zeigen zwei Symbole an, ob der Lehrer dieses Experiment vorführen soll, oder ob sich der Versuch auch als Schülerversuch eignet. Viele Experimente lassen beide Gestaltungsformen zu, daher sind dann beide Symbole im Kasten abgebildet. Bei Schüler-Experimenten geben die Zahlen in Klammern an, welche Gruppengröße wir für geeignet halten.

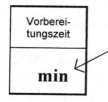

Die Vorbereitungszeit, in Minuten angegeben, erfaßt allein die Zeitspanne, die benötigt wird, um den Versuch aufzubauen und ggf. das Material an die Kinder auszuteilen.

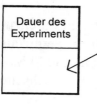

Die Dauer des Experiments kann in Minuten, Stunden, aber auch in Tagen angegeben sein, wenn es sich um Langzeitversuche handelt. Der angegebene Zeitraum beschreibt nur die Dauer für die Durchführung des Experiments.

Wir haben die Experimente in drei unterschiedliche Schwierigkeitsstufen eingeteilt, die durch die Anzahl der 'Smileys' angegeben werden, wobei

☺ leichte, nicht aufwendige Experimente und

☺☺☺ komplizierte oder aufwendige Versuche

bezeichnen.

b) Schlüsselworte

Unter dem Rahmeninfo-Kasten befinden sich Schlüsselworte, die zu diesem Experiment oder der Studie passen. Die Schlüsselworttabelle finden Sie auf Seite 185.

c) benötigtes Material

Nach den Schlüsselworten finden sich weitere wichtige Informationen zum Experiment.

Zunächst wird das benötigte Material aufgelistet. Hierbei ist zu beachten, dass immer nur die Materialmenge angegeben ist, die für *eine Durchführung* des Experimentes benötigt wird. Sollten Sie mehrere Schülergruppen gebildet haben, die jeweils für sich den Versuch durchführen sollen, so müssen Sie natürlich auch das Material in genügender Anzahl bereit halten.

Eine andere Möglichkeit ist, daß die Schüler ihr Material selber besorgen. Wenn Sie ihnen einige Tage zuvor die zu beschaffenden Gegenstände nennen, sollten die Schüler in der Lage sein, ihren Schülerversuch vollkommen selbstständig, inklusive Materialbeschaffung, zu organisieren.

Vielfach sind auch Gegenstände austauschbar; Nägel durch Schrauben wäre ein einfaches Beispiel. Manche Versuche brauchen also nicht daran zu scheitern, daß Sie nicht das benötigte Material besorgen können.

Preiswerte oder kostenlose Holzstücke sowie andere Bastelmaterialien sind oft in Baumärkten zu besorgen. Oft kann man sich auch dort schon Holzreste zurechtschneiden lassen.

Fast alle von uns aufgeführten Materialien finden sich allerdings in jedem Bastelgeschäft oder Haushalt (Margarineschachteln, Saftpackungen, Verpackungen von Käse oder Süßigkeiten, etc.).

d) Einbindung in den Unterricht

Unter diesem Punkt haben wir versucht, Ihnen Möglichkeiten aufzuzeigen, wie das Experiment in den Unterricht eingebaut werden kann. Einige Versuche sind mehreren, ganz unterschiedlichen *Themenbereichen* zuzuordnen. Die Dampfturbine z.B. kann bei der Behandlung des Themas „Energie" eingesetzt werden. Sie erhält aber auch Aspekte, die im Themenbereich „Wasser" angesprochen werden sollten.

Darüberhinaus ist es sinnvoll, wenn die Schüler vor der Durchführung einiger Experimente bereits über ein bestimmtes Vorwissen verfügen. So ist beispielsweise kein großer Lernerfolg zu erwarten, wenn die Schüler ein Experiment zur Reihenschaltung durchführen und gar nicht wissen, was überhaupt Strom und Stromfluß ist.

Ebenso sind bei vielen Versuchen *fächerübergreifende Aspekte* von Belang.

e) Lernziele / didaktische Hinweise

Die Verwendung von Experimenten im Sachunterricht bekommt nicht nur durch den auflockernden, unterhaltenden Moment seine Berechtigung, - im Gegenteil erachten wir solche praktischen Sequenzen als essentiell für eine schnelle und ganzheitliche Erfassung des Themas. Lerninhalte werden 'be - griffen'.

Daher ist es für uns unumgänglich, zu jedem Experiment die damit verbundenen Lernziele zu formulieren.

Es wird durchaus vorkommen, daß Sie ein Experiment anders gewichten und dadurch einige Lernziele als nicht besonders wichtig erachten, oder für Ihre Klasse andere Lernziele festsetzen.
Wir haben uns daher bemüht, eine möglichst umfangreiche Aufstellung vorzunehmen.
Zu einigen Versuchen haben wir didaktische Hinweise hinzugefügt, die zumeist die Durchführung betreffen. Selbstverständlich liegt es in ihrem Ermessen, Experimente auszuschmücken bzw. zu ergänzen, so daß sie für Ihre Klasse deutlicher werden.

f) besondere Hinweise

In dieser Rubrik möchten wir auf die *Verletzungsgefahren* hinweisen, die das jeweilige Experiment birgt. Hier sind vor allem das Arbeiten mit heißem Wasser oder mit spitzen oder scharfen Gegenständen gemeint.

3. Die zweite Seite - Beschreibung und Skizze:

Wie zuvor bereits erwähnt ist diese Seite als *Kopiervorlage* verwendbar, wenn es sich um ein Schülerexperiment handelt. Daher haben wir als Anrede auch das „Du" bzw. „Ihr" gewählt.
Weisen Sie die Schüler darauf hin, daß bei komplizierteren Versuchbeschreibungen ein scharfer Blick auf die Skizze oftmals die Sache klarer macht.
Als Grundlage haben wir allerdings immer die unter der Rubrik „Material" genannten Gegenstände vorausgesetzt, d.h. auf die korrekte Größe zurechtgesägte Bretter usw..
Ist das Material noch nicht auf die gewünschte Art 'zubereitet', müssen Sie die Schüler gesondert dazu auffordern, die Materialien in die richtige Größe oder Form zu bringen. Dies sollte allerdings auch kein Problem darstellen.
Einige Experimente oder Studien sind zwar als Schülerexperimente gedacht, jedoch enthält die zweite Seite die Anrede „Sie". Das ist kein Versehen, sondern vielmehr ist es bei diesen Experiment nicht erforderlich, den Schülern die zweite Seite als Anleitung zu kopieren.

Experimente

und

Studien

für den Sachunterricht

1 Die Taschen-Sonnenuhr

geeignet für Klasse	Lehrer-/Schüler-Experiment (Gruppengröße)	Vorberei-tungszeit	Dauer des Experiments	Schwierig-keitsgrad
3/4	(1-2)	45 min	3-4 std	☺☺

Schlüsselwörter:
Sonne, Zeitmessinstrumente, Sonnenuhr

benötigtes Material:
1 Rundholz: Länge ca. 10 cm, Durchmesser ca. 2,5 cm
   (z.B. ein Stück Besenstiel)
1 kleiner Nagel   Hammer
1 Gewindehaken   Tesafilm
1 Reißzwecke   Schere
1 ca. 20 cm langes Stück Kordel

Einbindung in den Unterricht:
Dieses Experiment kann im Themenkomplex „Zeiteinteilung und Zeitablauf" gut fächerübergreifend behandeln werden: Es können weitere Zeitmessinstrumente durchgenommen und im Kunst-, bzw. Werkunterricht nachgebaut werden, z.B. die Wasser-, Sand- und Feueruhr. Im Mathematikunterricht kann mit Zeiteinheiten ge-rechnet werden.
Auch die chronologische Entwicklung der Uhr kann im Themen-bereich „Früher und Heute" erforscht werden. Weiterführend hierzu könnte man die Entwicklung von Geräten und Maschinen im Allgemeinen besprechen (z.B. vom Waschbrett zur Waschmaschine usw.).

Lernziele / didaktische Hinweise:
Die Sonnenuhr gilt als eines der ältesten wissenschaftlichen Instrumente. Indem die Kinder selber ein Zeitmessgerät herstellen, erkennen sie, wie schwierig und ungenau früher die Zeitbe-stimmung war. Sie sollen überlegen, warum die Zeitmessung wichtig ist, und erkennen, dass zwischen der Zeitmessung und regelmäßig wiederkehrenden Naturphänomenen ein Zusammenhang besteht.

Beschreibung des Experiments:

1. Schlagt mit Hammer und Nagel vorsichtig ein kleines Loch in das Kopfende des Rundholzes.

2. Achtet darauf, dass sich das Loch genau in der Mitte des Rundholzes befindet. Dreht dann den Gewindehaken in das Holz.

3. Zieht die Kordel durch die Öse des Hakens und verknotet die beiden Kordelenden.

4. Danach schlagt ihr den Nagel seitlich in das Rundholz, ungefähr 2 cm unterhalb des Kopfendes.

5. Schneidet die Kopie der Tabelle aus und legt sie um das Holzstück, so dass die Tabelle direkt am seitlichen Nagel anliegt. Die Enden sollen sich überlappen.

6. Klebt die Enden der Tabelle mit Tesafilm zusammen. Die Tabelle soll jedoch beweglich bleiben.

7. Befestigt eine Reißzwecke unter der Tabelle, damit sie nicht vom Rundholz rutscht.

So funktioniert die Taschen-Sonnenuhr:

1. Die Buchstaben am Ende der Tabelle stehen für die verschiedenen Monate des Jahres. Ihr müsst die Tabelle so drehen, dass der aktuelle Monat genau unter dem Nagel steht.

2. Stellt euch mit dem Rücken zur Sonne und haltet die Taschen-Sonnenuhr an der Kordel hoch.

3. Der Schatten des Nagelkopfes auf dem Schaubild gibt die Zeit an. Jede Kurve des Diagramms steht für zwei Uhrzeiten, da die Sonne morgens und nachmittags immer zu einer bestimmten Zeit gleich hoch steht. Ihr müsst dann entscheiden, ob ihr die Morgen- oder die Nachmittagszeit nehmt.

4. Um die Uhr richtig einzustellen vergleicht ihr die Uhrzeit der Sonnenuhr mit der richtigen Zeit und schlagt den Nagel dementsprechend tiefer in das Rundholz, bis die Uhr auf dem Diagramm mit der aktuellen Uhrzeit übereinstimmt.

5. Denkt daran: Während der Sommerzeit müsst ihr immer eine Stunde zu der Zeit dazurechnen.

Skizze des Versuchsaufbaus:

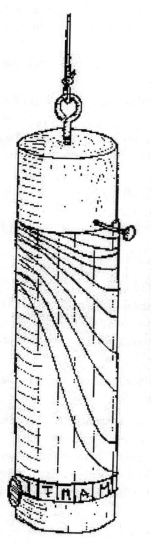

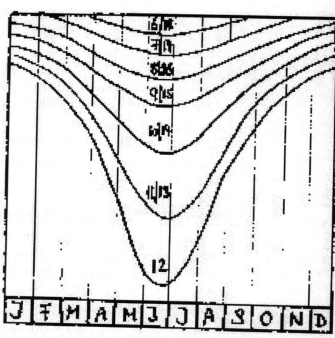

2 Der Solarofen

geeignet für Klasse	Lehrer-/Schüler-Experiment (Gruppengröße)	Vorberei-tungszeit	Dauer des Experiments	Schwierig-keitsgrad
3/4	(2)	30 min	30 min	☺☺

Schlüsselwort:
Solarenergie, Wärme, Sonne

benötigtes Material:
1 Karton mit Deckel
Alufolie
Kleister
schwarze Pappe
Klarsichtfolie
Schere oder Teppichmesser
Sonne

Einbindung in den Unterricht:
Dieses Experiment kann in dem Themenkomplex „Energie" durchgeführt werden. Zunächst kann der Lehrer die verschiedenen Formen der alternativen Energiegewinnung einführen und an verschiedenen Beispielen verdeutlichen.

Lernziele / didaktische Hinweise:
Die Schüler lernen in diesem Experiment, welche Energie von der Sonne ausgeht und wie man sie auffangen und benutzen kann. Die Alufolie reflektiert in diesem Fall die Sonnenstrahlen und leitet sie in den Karton. Die entstehende Wärme bleibt in dem Karton, da sie durch die Klarsichtfolie nicht entweichen kann. Im Karton wird es immer heißer.

besondere Hinweise:
Der Lehrer sollte beim Arbeiten mit dem Teppichmesser Hilfestellung leisten.

Beschreibung des Experiments:

1. Zeichnet auf den Deckel eures Kartons ein Rechteck, so dass jeweils ein Rand von 5 cm bleibt.
2. Schneidet nun drei Seiten aus, so dass ihr eine Klappe erhaltet.
3. Nun nehmt ihr die Klarsichtfolie und klebt sie von unten gegen den Rand des Deckels, damit ein Fenster entsteht.
4. Rührt nun den Kleister an und klebt die Innenseite des Kartons mit Alufolie aus. Jetzt wird auch die Innenseite der Klappe mit Alufolie beklebt.
5. Zum Schluss klebt ihr auf den Boden im Karton die schwarze Pappe.

Und so funktioniert es :

1. Stellt ein Stück Schokolade oder etwas anderes, was ihr erwärmen wollt in den Karton. Apfelringe lassen sich zum Beispiel sehr gut trocknen.
2. Dann verschließt ihr den Deckel und stellt die Klappe mit dem Stock auf.
3. Zum Vergleich könnt ihr einen Teller mit dem gleichen Inhalt, in die Sonne stellen, damit ihr seht, was von beiden schneller geht.

Skizze des Versuchsaufbaus:

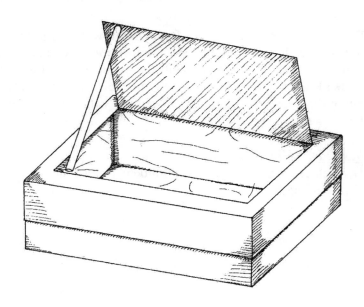

3 Sonnenkraft, die Bewegung schafft

geeignet für Klasse	Lehrer-/Schüler-Experiment (Gruppengröße)	Vorberei-tungszeit	Dauer des Experiments	Schwierig-keitsgrad
3/4	(2)	20 min	15 min	☺☺

Schlüsselwort:
Sonne, Solarenergie, Reflexion

benötigtes Material:
schwarzes Tonpapier
Aluminiumfolie
Lineal
1 großes Marmeladenglas
1 Streichholz
1 Stöckchen (länger als der Durchmesser des Marmeladenglases)
Sonne

Einbindung in den Unterricht:
Dieses Experiment lässt sich in Unterrichtsreihen zu den Themen „Sonne" oder „Energie" durchführen. Es ist sinnvoll, wenn der Lehrer dieses Experiment in Verbindung mit anderen Versuchen zum Thema Sonnenenergie, wie zum Beispiel „Der Solarofen", durchführt. Auch der Aspekt des Umweltschutzes kann hier im Anschluss vom Lehrer thematisiert werden.

Lernziele / didaktische Hinweise:
Die Schüler können bei der Durchführung dieses Experiments erkennen, dass sich eine schwarze Fläche in der Sonne schneller erwärmt als eine hellere Fläche, wie hier die Aluminiumfolie, da sie die Sonnenstrahlen im Gegensatz zu der Aluminiumfolie nicht reflektiert. Dadurch wird die Luft im Inneren des Glases erwärmt, sie dehnt sich aus, strömt nach oben und bringt die Mühle dazu, sich zu drehen.

Beschreibung des Experiments:

1. Schneidet aus der Aluminiumfolie zwei kleine Rechtecke mit einer Länge von 4 cm und einer Breite von 3 cm aus. Ebenso schneidet ihr zwei gleich große Stücke aus dem Tonpapier.

2. Faltet nun an der längeren Seite eines jeden Rechtecks einen schmalen Streifen.

3. Dieser wird nun mit dem Klebstoff an dem Streichholz angeklebt. Passt auf, dass der Streichholzkopf frei bleibt.

4. Klebt nun das Streichholzköpfchen an den Faden und bindet diesen an dem Stöckchen fest.

5. Zum Schluss hängt ihr das Ganze in das Glas (siehe Skizze) und stellt das Glas in die Sonne.

6. Beobachte nun, was passiert!

Skizze des Versuchsaufbaus:

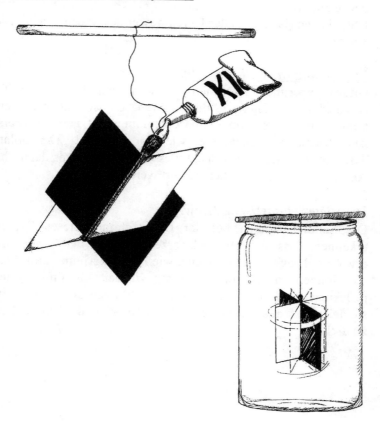

4 Der Lauf der Sonne

geeignet für Klasse	Lehrer-/Schüler-Experiment (Gruppengröße)	Vorberei-tungszeit	Dauer des Experiments	Schwierig-keitsgrad
1 - 4	(2-3)	15 min	12 h	☺

Schlüsselwörter:
Sonne, Sonnenuhr

benötigtes Material:
Pergamentpapier
1 Bleistift
Tesafilm
Fenster
Sonne

Einbindung in den Unterricht:
Im Mathematikunterricht kann vernetzend hierzu mit Zeitdaten gerechnet werden: Wie viele Wochen/Tage/Stunden/Sekunden hat ein Jahr/Monat. Es können auch Maßnahmen begesprochen werden, wie man sich mit Hilfe der Sonne orientieren kann, so könnten die Himmelsrichtungen eingeführt werden. (z.B. mit dem Versuch: „Orientierungshilfen".)

Lernziele / didaktische Hinweise:
Anhand der sich verändernden Sonnenpositionen erkennen die Kinder, sich die Sonne als festen Punkt vorstellend, wie sich die Erde dreht. Eine Umdrehung der Erde dauert 24 Stunden, also einen Tag. Die Sonne geht im Osten auf und im Westen unter. Man kann zur jeweiligen Position der Sonne die Uhrzeit dazuschreiben, so dass die Kinder anhand der Sonnenstellung erkennen können, wie spät es ist.

Beschreibung des Experiments:

1. Sucht euch ein Fenster durch das morgens die Sonne scheint.

2. Klebt dann das Pergamentpapier so auf das Fenster, dass ihr die Sonne durchscheinen seht.

3. Markiert euch eine feste Stelle auf dem Boden. Dort stellt ihr euch hin und betrachtet die Sonne. Zeichnet die Position der Sonne nach, indem ihr einen Kreis um die Sonne malt. Ihr könnt auch die jeweilige Uhrzeit dazunotieren.

4. Wiederholt dies nun jede halbe Stunde. Dabei müsst ihr darauf achten, dass ihr immer auf der gleichen Stelle steht, wenn ihr die Sonne markiert.

5. Zum Schluss könnt ihr erkennen, wie der Weg der Sonne verläuft.

Skizze des Versuchsaufbaus:

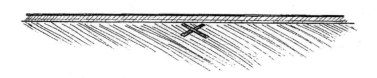

5 Die Sonnenturbine

geeignet für Klasse	Lehrer-/Schüler-Experiment (Gruppengröße)	Vorberei-tungszeit	Dauer des Experiments	Schwierig-keitsgrad
1 - 4	(2-3)	25 min	30 min	☺

Schlüsselwörter:
Sonne, Solarenergie

benötigtes Material:
viel Sonne
1 Plastikflasche
1 Bogen schwarzes Papier
1 rundes Stück Alufolie, ca. 5 cm Durchmesser
etwas Knetgummi
2 Stecknadeln
1 kleinen Hammer

Einbindung in den Unterricht:
Dieser Versuch kann in Verbindung mit weiteren Sonnenversuchen (siehe Experimente Nr.1-4) zum Thema „Sonne" und „alternative Energieformen" durchgefürt werden. Je nach Jahrgangsstufe sollte der Stoff differenziert werden.

Lernziele / didaktische Hinweise:
Die Schüler erkennen, dass trotz der großen Entfernung zur Sonne ihre Energie sehr stark ist. In diesem Versuch wird veranschaulicht, wie Sonnenenergie in Bewegungsenergie umgewandelt werden kann.
Durch verschiedene Experimente (siehe Experimente Nr. 2 und 3) wurde schon verdeutlicht, dass sich dunklere Flächen schneller erwärmen als hellere. Auch hier erwärmt sich die Luft in der Flasche und dehnt sich aus. Die wärmere und damit leichtere Luft steigt nach oben und bringt so die Turbine in Gang.

Beschreibung des Experiments:

1. Rollt das Papier so zusammen, dass es durch die Flaschenöffnung passt, und lasst es in die Flasche hineinfallen.

2. Stecht eine Stecknadel durch das Knetgummiklümpchen.

3. Nehmt dann die andere Stecknadel und stecht sie mit Hilfe des Hammers durch den Flaschenhals. Danach könnt ihr sie wieder herausziehen.

4. Ihr müsst nun das durchbohrte Knetgummiklümpchen nehmen und, es an der Stecknadelspitze festhaltend, in die Flaschenöffnung halten.

5. Dann spießt ihr es mit der anderen Stecknadel durch die vorgestochenen Löcher im Flaschenhals auf, so wie ihr es auf der Skizze seht.

6. Bastelt euch eine kleine Turbine, ihr könnt sie auch von der Skizze abpausen.

7. Diese setzt ihr dann auf die Stecknadelspitze.

8. Stellt die Flasche in die pralle Sonne und beobachtet, was passiert.

Skizze des Versuchsaufbaus:

6 Dein eigenes Knetgummi

geeignet für Klasse	Lehrer-/Schüler-Experiment (Gruppengröße)	Vorberei-tungszeit	Dauer des Experiments	Schwierig-keitsgrad
1 - 4		5 min	5 min	☺

Schlüsselwörter:
Lebensmittelfarbe, Knetgummi

benötigtes Material:

2 ½ Tassen Mehl	1 Tasse
½ Tasse Salz	1 Kochtopf
1 Esslöffel Alaun	1 Dose mit Deckel
1 ½ Tassen Wasser	1 Esslöffel
Lebensmittelfarbe	1 Holzlöffel
Öl	Herdplatte

Einbindung in den Unterricht:
Die Knetgummiherstellung kann in verschiedenen Unterrichts-bereichen durchgeführt werden. Hier nur einige Einsatz-möglichkeiten von Knetgummi: Im Kunstunterricht beim Modellieren, im Deutschunterricht z.B. zum Formen der Buchstaben beim Einüben des Alphabets und auch im Sachunterricht zum Nachbilden der Morphologie von Tieren.
Auch zum Thema „Stoffe und ihre Eigenschaften" kann dieser Versuch eingesetzt werden.

Lernziele / didaktische Hinweise:
Die Knetgummiherstellung ist für die Schüler eine interessante Tätigkeit. Sie lernen aus einfachen Mitteln etwas herzustellen. So erkennen sie auch, dass Stoffe und Materialien aus verschiedenen Komponenten zusammengesetzt sind und dass sich aus bekannten Stoffen etwas völlig neues herstellen lässt.

besondere Hinweise:
Beim Umgang mit der Herdplatte sollten die Schüler unter Aufsicht des Lehrers arbeiten. Der Lehrer sollte außerdem beim Rühren behilflich sein, da es eine ziemlich kraftraubende Tätigkeit ist.

Beschreibung des Experiments:

1. Gib 2 ½ Tassen Mehl, ½ Tasse Salz und 1 Esslöffel Alaun in die Schüssel.

2. Erhitze 1 ½ Tassen Wasser, einen Esslöffel Öl und etwas Lebensmittelfarbe in einem Topf. Pass auf, dass es nicht zu kochen beginnt!

3. Gib nun die Flüssigkeit in die Schüssel und vermische das Ganze kräftig mit dem Holzlöffel.

   (Wenn die Knete jetzt noch etwas zu flüssig ist, gib noch etwas Mehl dazu, und falls sie zu fest ist, kannst du noch etwas Wasser dazugeben.)

4. Lass die Masse jetzt abkühlen und knete sie durch, bevor du sie formst. Bewahre deine Knete in einer geschlossenen Dose auf, damit sie nicht hart wird.

 Skizze des Versuchsaufbaus:

7 Wachsmalstifte selbstgemacht

geeignet für Klasse	Lehrer-/Schüler-Experiment (Gruppengröße)	Vorberei-tungszeit	Dauer des Experiments	Schwierig-keitsgrad
1 - 4	(2-3)	5 min	15 min	☺

Schlüsselwörter:
Schmelzen, Aggregatzustände, Wachsmalstifte

benötigtes Material:
Herdplatte
600 ml Becherglas
verschiedene Formen (zum Beispiel Formen für Kerzen)
Pigment-Farbstoff
170 g Sojaöl in Flockenform
Topflappen
Kochlöffel

Einbindung in den Unterricht:
Dieser Versuch kann unter anderem in einer Unterrichtsreihe zum Thema „Stoffe und ihre Eigenschaften" durchgeführt werden. In unterschiedlichen Bereichen kann die Tatsache, dass Stoffe in flüssiger und fester Form vorkommen, helfen, Vorgänge zu beschreiben. Fächerübergreifend ist hier eine Verbindung mit dem Kunstunterricht möglich.

Lernziele / didaktische Hinweise:
Die Schüler lernen aus Naturmaterialien Gegenstände, in diesem Fall Wachsmaler, herzustellen. Außerdem sollen sie erkennen, dass Stoffe in verschiedenen Aggregatzuständen vorkommen können., hier. in flüssigem und festem Zustand.

besondere Hinweise:
Vorsicht beim Arbeiten an der Herdplatte! Die Schüler sollen nur mit dem Topflappen das Becherglas anfassen.

Beschreibung des Experiments:

1. Füllt das Becherglas mit den Sojaflocken.

2. Stellt es auf die Heizplatte und erhitzt das Ganze, bis die Sojaflocken schmelzen.

3. Wenn alles geschmolzen ist, gebt ihr 14 g Farbstoff hinzu und erhitzt die Flüssigkeit weiter, bis sich der Farbstoff gelöst hat. Dabei solltet ihr das Ganze gut umrühren.

4. Nehmt nun das Becherglas mit einem Topflappen von der Heizplatte und füllt die Flüssigkeit in die Formen.

5. Lasst jetzt alles eine halbe Stunde abkühlen und nehmt dann die Stifte aus ihrer Form.

 Skizze des Versuchsaufbaus:

8 Gummi aus Naturprodukten

geeignet für Klasse	Lehrer-/Schüler-Experiment (Gruppengröße)	Vorbereitungszeit	Dauer des Experiments	Schwierigkeitsgrad
2 - 4	(1)	10 min	15 min	☺☺

Schlüsselwörter:
Gummiherstellung

benötigtes Material:
1 für die Mikrowelle geeignete, wiederverschließbare Tüten
1 Teelöffel Maisstärke
2 Tropfen Maisöl
Lebensmittelfarbe
1 Mikrowelle
1 Esslöffel Wasser
Pipette
1 Teelöffel

Einbindung in den Unterricht:
Dieser Versuch kann in verschiedenen Unterrichtsreihen durchgeführt werden, unter anderem im Themenbereich „Werkstoffe und Geräte". Die Schüler lernen, aus Naturmaterialien Gegenstände herzustellen, in diesem Fall zum Beispiel eine gummiartige Substanz, die sich zu einem Flummi formen lässt.

Lernziele / didaktische Hinweise:
Der geknetete Teig wird in der Mikrowelle erhitzt. Das Aufblasen der Tüte weist auf die Entstehung von Wasserdampf hin, der dann beim Abkühlen als Niederschlag an der Tütenwand sichtbar wird. Der Teig läßt sich ähnlich wie Gummi verformen und kneten.
Die Schüler erkennen, dass synthetische Polymere auch aus natürlichen Rohstoffen hergestellt werden können. Dieser „Flummi" ist recyclebar.

besondere Hinweise:
Der Lehrer sollte anwesend sein, wenn der Teig in der Mikrowelle erhitzt wird. Es ist Vorsicht geboten, wenn die Tüte aus der Mikrowelle geholt und geöffnet wird. Sie kann sehr heiß sein.

Beschreibung des Experiments:

1. Gib in die Tüte einen Teelöffel Maisstärke, zwei Tropfen Maisöl, einen Esslöffel Wasser und eine Spatelspitze Lebensmittelfarbe und verschließe die Tüte gut.

2. Knete nun das Ganze zu einem einfarbigen Teig.

3. Lege nun deinen Teig in die Tüte und dann in die Mikrowelle. Stelle die maximale Stufe ein.

4. Der Teig wird nun so lange erhitzt, bis die Tüte sich ganz aufgeblasen hat. Dann kannst du die Mikrowelle öffnen.

5. Jetzt musst du gut aufpassen, dass du dich nicht verbrennst, denn der Teig ist sehr heiß, und wenn du die Tüte öffnest, kann heißer Wasserdampf entweichen.

6. Versuche den Teig, solange er noch warm ist, zu einer Kugel zu formen.

 Skizze des Versuchsaufbaus:

9 Der Spion

geeignet für Klasse	Lehrer-/Schüler-Experiment (Gruppengröße)	Vorberei-tungszeit	Dauer des Experiments	Schwierig-keitsgrad
3/4	(1)	5 min	25 min	☺☺

Schlüsselwörter:
Spiegel

benötigtes Material:
2 kleine gleich große Spiegel
1 quadratische, ca. 30 cm lange Röhre
   (z.B. 1 leere Alu- oder Frischhaltefoliepackung)
durchsichtiges Klebeband
Scheren

Einbindung in den Unterricht:
Dieser Versuch kann in den Themenkomplex „Optik: Spiegel und Spiegeln" eingebunden werden. Als Einführung kann der Lehrer die Schüler auf Verwendungszwecke von Spiegeln im Alltag aufmerksam machen. Spiegel im Straßenverkehr können hier ein Thema sein.
Der selbstgebaute Apparat kann dann auch zum Beispiel zur Beobachtung von Tieren eingesetzt werden.

Lernziele / didaktische Hinweise:
Die Schüler lernen in diesem Versuch die Besonderheiten eines Spiegels und seine Verwendungsmöglichkeiten näher kennen.

Beschreibung des Experiments:

1. Schneide auf zwei gegenüberliegenden Seiten des Rohres jeweils am Ende und am Anfang ein quadratisches Fenster aus.

2. An den Seiten schneidest du jeweils zwei schräge Schlitze aus, so dass die Spiegel hindurch passen. Schau dir hierzu die Skizze genau an.

3. Stecke nun die Spiegel durch die Schlitze, so dass du durch das Fenster die glänzende Seite sehen kannst. Befestige die Spiegel mit dem Klebeband. Viel Spaß beim Beobachten!

 Skizze des Versuchsaufbaus:

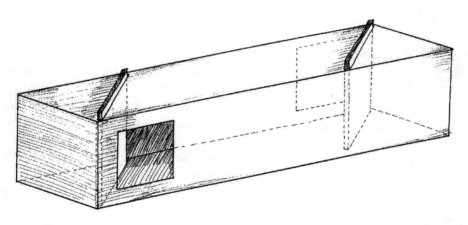

10 Selbstgemachte Brauselimonade

geeignet für Klasse	Lehrer-/Schüler-Experiment (Gruppengröße)	Vorberei-tungszeit	Dauer des Experiments	Schwierig-keitsgrad
1 - 4	(2)	10 min	10 min	☺☺

 Schlüsselwörter:
Kohlendioxid, Brauselimonade, chemische Reaktion

 benötigtes Material:
4 Esslöffel Zitronensäure (aus der Apotheke)
2 Esslöffel Natron
12 Esslöffel Puderzucker
1 kleinen Topf oder 1 leeres Marmeladenglas
stilles Wasser
Gläser
Waldmeister- oder Erdbeersirup

 Einbindung in den Unterricht:
Dieser Versuch kann in einer fächerübergreifenden Unterrichtseinheit zum Thema „Ernährung" durchgeführt werden. Auch in den Themenkomplex „Stoffe und ihre Eigenschaften" kann dieser Versuch eingebunden werden.

Lernziele / didaktische Hinweise:
Es gibt verschiedene Säuren (z.B. in verschiedenen Früchten: Limetten, Orangen, Weintrauben, usw.) und unterschiedliche Karbonate (z.B. Bleichsoda, Backpulver, Marmor, Eierschalen, Kreide, usw.). Vermischt man eine Säure mit einem Karbonat, so fängt es an zu sprudeln und zu schäumen: es entsteht Kohlendioxid. In diesem Experiment lösen sich die Kristalle der Zitronensäure bei Wasserzugabe im Mund auf und wenn sie sich mit dem Natron vermischen, entstehen die Kohlendioxidbläschen.

 besondere Hinweise:
Der Lehrer sollte darauf achten, dass die Schüler nicht zu viel Brause trinken, da Natron in größeren Mengen abführend wirken kann.

Beschreibung des Experiments:

1. Schüttet Natron und Puderzucker in das Marmeladenglas oder den Topf und vermischt es gut.

2. Schüttet zwei Esslöffel der Mischung in ein Glas und füllt dieses mit Wasser und Zitronensäure auf. Fertig ist die Limonade!

3. Wenn es euch noch nicht richtig schmecken sollte, könnt ihr den Waldmeister- oder Erdbeersirup dazugeben.

Skizze des Versuchsaufbaus:

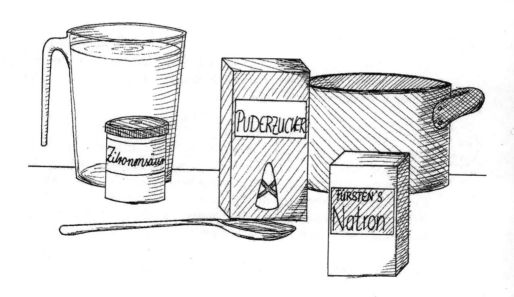

11 Die Gaskanone

geeignet für Klasse	Lehrer-/Schüler-Experiment (Gruppengröße)	Vorberei-tungszeit	Dauer des Experiments	Schwierig-keitsgrad
1-4	(2-3)	10 min	10 min	☺

Schlüsselwörter:
Chemische Reaktionen, Kohlendioxid, Gaskanone

benötigtes Material:

1 Flasche	etwas Essig
1 angefeuchteter Korken	1 Päckchen Backpulver
1 kleines Stück Papier	

Einbindung in den Unterricht:
Dieser Versuch eignet sich gut dazu den Schülern chemische Reaktionen näher zu erläutern und ist somit in unterschiedlichen Themenbereichen einsetzbar. Bei dieser Reaktion entsteht das Gas Kohlendioxid.

Lernziele / didaktische Hinweise:
Es findet eine chemische Reaktion statt: Das Backpulver reagiert mit dem Essig, dabei entsteht Kohlendioxid. Dieses Gas entwickelt im Flascheninneren immer mehr Druck. Das Gas benötigt tausendmal mehr Volumen als die Ausgangsstoffe. Der Druck nimmt immer mehr zu bis der Korken dem nicht mehr standhält und aus der Flasche gedrückt wird.
Die meisten Explosionen entstehen dadurch, dass eine Gasent-wicklung Dinge zum Explodieren bringt. Auch Raketen werden nach diesem Prinzip angetrieben: Der Treibstoff explodiert und durch den Rückstoß, der durch die Gasentwicklung entsteht, wird die Rakete in die Luft gedrückt.

besondere Hinweise:
Es gilt darauf zu achten, dass die Schüler nicht mit der Gaskanone aufeinander zielen oder herauskatapultierte Korken sonstigen Schaden anrichten können.

Beschreibung des Experiments:

1. Schüttet das Backpulver in die Flasche. Wenn ihr das Papierstück in der Mitte faltet, könnt ihr das Pulver darüber leichter in die Flasche rieseln lassen.

2. Haltet den Korken kurz unter den Wasserhahn, so dass die Seiten gut befeuchtet sind.

3. Gießt dann einen guten Schuss Essig in die Flasche.

4. Verschließt die Flaschenöffnung dann schnell mit dem angefeuchteten Korken. Drückt ihn aber nicht zu fest in die Flasche.

5. Nun schüttelt ihr die Flasche ein bisschen, bis sich das Backpulver gut mit dem Essig vermischt hat. Lasst es dann einige Minuten stehen.

6. Was könnt ihr beobachten?

Skizze des Versuchsaufbaus:

12 Ein Springbrunnen in der Flasche

geeignet für Klasse	Lehrer-/Schüler-Experiment (Gruppengröße)	Vorberei-tungszeit	Dauer des Experiments	Schwierig-keitsgrad
2 - 4	(2-3)	10 min	5 min	☺

Schlüsselwörter:
Dichte, Salzwasser, Lösung

benötigtes Material:
2 Flaschen mit gleich großer Öffnung
Wasser
1 Gefäß
3 Esslöffel Salz
Lebensmittelfarbe
1 Blatt Papier

Einbindung in den Unterricht:
Der „Springbrunnen in der Flasche" ist ein Versuch, der in dem Aufgabenschwerpunkt „Stoffe und ihre Eigenschaften" in Verbindung mit dem Versuch „Zaubercocktail" und weiteren Versuchen zum Thema Dichte durchgeführt werden kann.
Weiterführend könnte der Lehrer mit den Schülern darüber sprechen, warum man in Salzwasser leichter schwimmen kann als in Süßwasser.

Lernziele / didaktische Hinweise:
Die Kinder erkennen, dass das eingefärbte Leitungswasser in der Flasche nach oben steigt und das Salzwasser nach unten sinkt. Der Begriff der Dichte kann den Schülern bei diesem Versuch deutlich werden. Das Leitungswasser hat eine geringere Dichte als das Salzwasser.

besondere Hinweise:
Der Versuch sollte am besten über einem Waschbecken durchgeführt werden. Wenn die Schüler den Versuch selber machen, sollte der Lehrer die Schüler eindringlich darauf hinweisen, dass sie die obere Flasche gut verschlossen halten und die beiden Flaschen gut festhalten.

Beschreibung des Experiments:

1. Nehmt die beiden Flaschen und füllt die eine davon mit kaltem Leitungswasser, in das ihr etwas Lebensmittelfarbe gebt.

2. Löst in einem anderen Gefäß 3 Esslöffel Salz in warmem Wasser und lasst dies abkühlen. Füllt nun die Flüssigkeit in die zweite Flasche.

3. Legt nun ein Stück Papier auf die Salzwasserflaschenöffnung, haltet es fest, dreht die Flasche um und stellt sie auf die andere Flasche.

4. Haltet beide Flaschen gut fest und zieht dann vorsichtig das Papier zwischen den Flaschenöffnungen heraus.

5. Beobachtet nun was passiert!

 Skizze des Versuchsaufbaus:

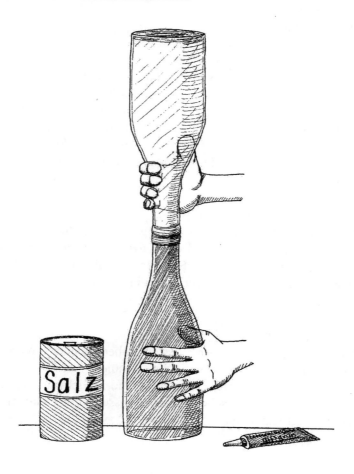

13 Wie ein Schlittschuhläufer

geeignet für Klasse	Lehrer-/Schüler-Experiment (Gruppengröße)	Vorberei-tungszeit	Dauer des Experiments	Schwierig-keitsgrad
1 - 4	(2)	5 min	10 min	☺☺

Schlüsselwörter:
Eis, Druck, Schmelzen, Schlittschuhläufer, Dichte

benötigtes Material:
1 quadratischer Eiswürfel
2 gleichschwere Gegenstände (z.B. 2 Gabeln)
30 cm Draht
1 Flasche mit einem Korken

Einbindung in den Unterricht:
Dieses Experiment kann im Unterricht zur Vertiefung des Themas „Wasser" eingeführt werden. Es zeigt die Abhängigkeit des Schmelzpunktes vom Druck. Dieser einfache Vorgang verdeutlicht, wie das Schlittschuhlaufen funktioniert.

Lernziele / didaktische Hinweise:
Die Schüler lernen an diesem einfachen Versuch das Prinzip des Schlittschuhlaufens kennen. Das Eis schmilzt unter dem Druck, den der Draht ausübt. Der Draht gleitet immer tiefer in das Eis, bis er es endgültig durchlaufen hat. Das Eis über dem Draht gefriert jedoch sofort wieder.
Dieser Vorgang macht es möglich, dass man mit Schlittschuhen auf dem Eis laufen kann. Das Eis schmilzt für kurze Zeit, wenn das Gewicht des Schlittschuhläufers Druck auf das Eis ausübt. Die Schlittschuhe gleiten also auf einer dünnen Schicht Wasser.

Beschreibung des Experiments:

1. Bindet an die beiden Enden eines 30 cm langen Drahts zwei gleich schwere Gegenstände, z.B. Gabeln, fest.

2. Stellt die Flasche mit dem Korken auf den Tisch und legt den Eiswürfel auf den Korken.

3. Legt nun den Draht in der Mitte über den Eiswürfel. Falls die Gabeln nicht schwer genug sein sollten, könnt ihr weitere Gabeln dazubinden oder euch andere Gewichte überlegen.

4. Was könnt ihr beobachten?

 Skizze des Versuchsaufbaus:

14 Der Unterwasservulkan

geeignet für Klasse	Lehrer-/Schüler-Experiment (Gruppengröße)	Vorberei-tungszeit	Dauer des Experiments	Schwierig-keitsgrad
1 - 4	(2-3)	15 min	15 min	☺

Schlüsselwörter:
Dichte

benötigtes Material:
1 große durchsichtige Schüssel
1 kleines leeres Tintenglas mit Schraubverschluß o.ä.
einige Tropfen Tinte
Wasserkocher
heißes Wasser
einige Eiswürfel
kaltes Wasser

Einbindung in den Unterricht:
Man kann dieses Experiment sowohl im Rahmen einer Unterrichtsreihe zur „Natürlichen und gestalteten Umwelt" durchführen als auch zum Thema „Luft, Wasser und Wärme".
Mit Hilfe dieses Experiments lassen sich z.B. auch Vulkan-ausbrüche erklären.

Lernziele / didaktische Hinweise:
Kaltes Wasser ist schwerer als warmes, deshalb setzt es sich unten ab, das leichtere warme Wasser dagegen steigt auf. Dies hängt mit der Dichte zusammen: Je wärmer es ist , desto schneller bewegen sich die Moleküle. Je kälter es ist, desto dichter befinden sich die Moleküle nebeneinander, deswegen ist dann ein kalter Wassertropfen gleichen Volumens schwerer, als ein warmer. Für die Luft gilt das gleiche: heiße Luft steigt auf , kalte sinkt ab.
Bei diesem Versuch muss beachtet werden , dass die Temperaturen nicht unter 4°C sinken, da sonst die Dichteanomalie des Wassers das Versuchsergebnis verfälscht, denn Wasser hat bei 4°C die größte Dichte.

Beschreibung des Experiments:
1. Gießt zuerst kaltes Leitungswasser in die große Schüssel. Damit das Wasser noch kälter wird, könnt ihr die Eiswürfel dazugeben.
2. Nun nehmt ihr heißes Wasser, welches ihr mit dem Wasserkocher erhitzt habt, und gießt es in das kleine Tintenglas, bis es randvoll ist.
3. Gebt dann einige Tropfen Tinte in das Glas, bis sich das Wasser dunkel verfärbt hat.
4. Schraubt das Glas dann zu und stellt es in die Glasschüssel. Öffnet nun vorsichtig den Schraubverschluß im kalten Wasser und beobachtet was passiert.
5. Schreibt eure Beobachtung auf, ihr könnt auch eine kleine Skizze dazumalen.
6. Nun wiederholt ihr das Ganze: Diesmal jedoch kommt heißes Wasser in die Schüssel und kaltes in das Tintenglas.
7. Wieder laßt ihr einige Tropfen Tinte in das Tintenglas tropfen, macht den Deckel zu, stellt es in die Schüssel und schraubt dann den Deckel wieder darauf.
8. Was beobachtet ihr diesmal?
9. Ihr könnt auch ausprobieren was passiert, wenn sich in beiden Behältern heißes bzw. in beiden kaltes Wasser befindet.

 Skizze des Versuchsaufbaus:

15 Die heiße Lösung

geeignet für Klasse	Lehrer-/Schüler-Experiment (Gruppengröße)	Vorberei- tungszeit	Dauer des Experiments	Schwierig- keitsgrad
2 - 4	(2-3)	10 min	10 min	☺☺

Schlüsselwörter:
Lösung, Wasser

benötigtes Material:
Wasser
1 Packung Alka- Seltzer Tabletten
3 Gläser
1 Thermometer
1 Heizplatte
1 Stoppuhr
1 Notizblock
Eiswürfel

Einbindung in den Unterricht:
Dieses Experiment kann in einer Unterrichtsreihe zum Thema „Stoffe und ihre Eigenschaften" verwendet werden, in der es um die Löslichkeit von Stoffen geht. Erweiternd dazu könnte man sich im Anschluss mit der Trennung von Stoffen befassen.

Lernziele / didaktische Hinweise:
Die Abhängigkeit der Löslichkeit von der Wassertemperatur wird hier deutlich. Das Hinzufügen von Wärmeenergie beschleunigt Reaktionen. In diesem Versuch löst sich die Tablette in heißem Wasser am schnellsten. Im kalten Wasser dauert es sehr lange, bis sich die Tablette gelöst hat.

besondere Hinweise:
Vorsicht beim Arbeiten an der Herdplatte!

Beschreibung des Experiments:

Heißes Wasser:

Erhitzt das Wasser in einem Topf und füllt es in ein Glas. Notiert die Wassertemperatur auf eurem Notitzblock.

Nehmt die Tabletten aus der Packung und legt sie ins Wasser. Lasst nun die Stoppuhr laufen. Wie lange dauert es, bis die Tablette aufgelöst ist? Notiert das Ergebnis.

Wasser in Raumtemperatur:

Nehmt aus der Leitung lauwarmes Wasser und füllt es in das zweite Glas. Gebt auch hier eine Tablette in das Wasser und notiert die Zeit, in der sich die Tablette auflöst.

Kaltes Wasser:

Nehmt nun kaltes Wasser aus der Leitung und füllt es zusammen mit einigen Eiswürfeln in das dritte Glas. Gebt jetzt auch hier eine Tablette in das Wasser und schreibt auf wie lange die Tablette braucht, bis sie sich aufgelöst hat.

In welchem Wasser löst sich die Tablette am schnellsten und in welchem am langsamsten?

Skizze des Versuchsaufbaus:

16 Ein Pappbecher als Kochtopf

geeignet für Klasse	Lehrer-/Schüler-Experiment (Gruppengröße)	Vorberei-tungszeit	Dauer des Experiments	Schwierig-keitsgrad
2 - 4	☺️/☺️ (2)	5 min	15 min	☺

Schlüsselwort:
Erhitzen, Wärmeweiterleitung, Wasser

benötigtes Material:
1 Kerze oder Teelicht
1 Pappbecher
1 Stricknadel
2 gleichhohe Bücherstapel oder ähnliches
Wasser

Einbindung in den Unterricht:
Dieser Versuch kann zur Verdeutlichung verschiedener Bereiche des Themas Energie verwendet werden. Die Wärmeweiterleitung ist ein wichtiges Prinzip, das in vielen Bereichen Anwendung findet.

Lernziele / didaktische Hinweise:
Die Kinder erkennen, dass zwar das Wasser in dem Becher kocht, der Becher jedoch nicht anfängt zu brennen. Das Wasser in dem Becher entzieht dem Papier die Hitze und aus diesem Grund brennt dieses nicht.

besondere Hinweise:
Auch mit einer kleinen Flamme wie einer Kerze muss man sehr vorsichtig sein! Der Pappbecher sollte nicht ohne Wasser über die Flamme gehalten werden.
Dieser Versuch kann auch als reiner Lehrerversuch vorgeführt werden.

1. Steckt eine Stricknadel durch den oberen Rand des Pappbechers.

2. Füllt nun Wasser in den Becher und hängt ihn zwischen zwei Gegenständen auf, so dass ihr eine Kerze darunter stellen könnt. Ihr könnt auch Bücherstapel als Stützen verwenden. Passt auf, dass die Bücher fest stehen.

3. Zündet nun die Kerze an. Eigentlich müsste der Becher brennen, aber was könnt ihr beobacheten?

Skizze des Versuchsaufbaus:

17 Unterwassermusik

geeignet für Klasse	Lehrer-/Schüler-Experiment (Gruppengröße)	Vorberei-tungszeit	Dauer des Experiments	Schwierig-keitsgrad
3/4	(1)	5 min	5 min	☺

Schlüsselwörter:
Töne, Schall, Wasser

benötigtes Material:
1 alte Kunststoffblockflöte
1 Behälter mit Wasser

Einbindung in den Unterricht:
Dieser Versuch kann in einer Unterrichtsreihe zum Thema „Schall" fächerübergreifend eingesetzt werden. Die Entstehung von Tönen und die Funktionsweise von Instrumenten steht hier im Vordergrund. Weitere Experimente zum Thema „Schall" sind: „Der Hörtest" und „Der Instrumentenbauer".

Lernziele / didaktische Hinweise:
Die Schüler lernen in diesem Versuch mehr über die Funktionsweise von Instrumenten und die Entstehung von Tönen. Beim Hineinblasen in die Flöte wird die darin befindliche Luft in Schwingung versetzt und erzeugt so einen Ton. Die Höhe des Tons hängt davon ab, wieviel Luft in der Flöte ist. Wenn die Flöte ins Wasser getaucht wird, nimmt die Luftmenge ab und der Ton verändert sich.

Beschreibung des Experiments:

1. Verschließe alle Löcher der Blockflöte mit deinen Fingern.
2. Blase in die Blockflöte. Du müsstest einen tiefen Ton hören.
3. Tauche die Flöte ein bisschen in das Wasser. Atme tief ein und blase nun in die Flöte, während du sie immer weiter in das Wasser tauchst.
4. Wie verändert sich der Ton?
5. Atme jetzt noch einmal tief ein und blase in die Flöte, während du sie langsam aus dem Wasser ziehst.
6. Wie verändert sich jetzt der Ton?

 Skizze des Versuchsaufbaus:

18 Wasser in der Wüste

geeignet für Klasse	Lehrer-/Schüler-Experiment (Gruppengröße)	Vorberei-tungszeit	Dauer des Experiments	Schwierig-keitsgrad
3/4	(3-4)	35 min	1 Tag	☺☺

Schlüsselwörter:
Sonne, Wärme, Verdunstung, Niederschlag, Wasser

benötigtes Material:
1 Glas
Sandkiste
Steine
durchsichtige Plastikfolie
1 Spaten

Einbindung in den Unterricht:
Das Unterrichtsthema „Wasser" bietet ein weites Spektrum an Möglichkeiten. Dieser Versuch ist z.B. bei der näheren Erläuterung des Sachverhaltes der Verdunstung von Wasser hilfreich. In der Wüste ist Regen sehr selte, und trotzdem kann man mit diesem Verfahren dort Wasser gewinnen.

Lernziele / didaktische Hinweise:
Die Schüler lernen in diesem Versuch, dass der feuchte Sand Wasser enthält. Wenn das Wasser im Sand durch die Wärme der Sonnenstrahlen verdunstet, kann man dieses mit Hilfe des Glases wieder auffangen. Das verdunstete Wasser sammelt sich an der Plastikfolie in Form eines Niederschlags. Es sammelt sich dann an der Stell wo der Stein auf der Folie liegt und tropft in das Glas.

Beschreibung des Experiments:

1. Grabt ein Loch in die Sandkiste, das so groß ist, dass ihr das Glas hineinstellen könnt.
2. Stellt das Glas auf den Boden und deckt das Loch mit der Plastikfolie ab. Beschwert diese mit den Steinen.
3. Legt einen Stein in die Mitte der Folie über das Glas.
4. Wartet nun einige Stunden ab und beobachtet was passiert ist.

 Skizze des Versuchsaufbaus:

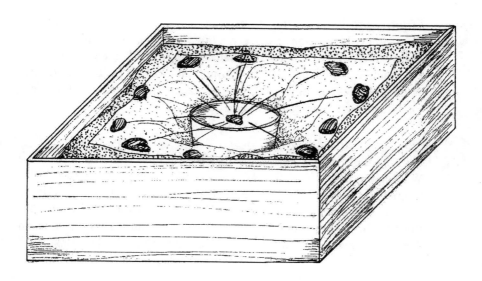

19 Der Wasserfilter

geeignet für Klasse	Lehrer-/Schüler-Experiment (Gruppengröße)	Vorberei-tungszeit	Dauer des Experiments	Schwierig-keitsgrad
2 - 4	(2)	10 min	30 min	☺☺

Schlüsselwörter:
Filter, Wasser

benötigtes Material:
2 Marmeladengläser
1 Filterpapier oder Serviette
gefärbtes Wasser oder Tee
2-3 Bücher oder ähnliches

Einbindung in den Unterricht:
Dieser Versuch bietet sich zur Einführung von Flüssigkeitsfilterung an. Eine Unterrichtsreihe zum Thema Wasser hat z.B. Anwendung für ein solches Experiment. Der Lehrer kann diesen Versuch mit einigen Versuchen zur Filtrierung von Wasser im Boden kombinieren.

Lernziele / didaktische Hinweise:
Die Schüler bekommen einen Einblick in die Kappilarwirkung. Das gefärbte Wasser in dem Glas wird durch die Kappilarwirkung in der Serviette hochgezogen. Durch die Wirkung der Schwerkraft fließt das gefärbte Wasser dann in das andere Glas. Das Wasser, das in das tieferstehende Glas tropft, ist klar. Die Serviette hat die Farbstoffe herausgefiltert. Die Schüler erkennen, dass das Wasser durch die Serviette transportiert wird, nicht jedoch die darin gelösten Stoffe.

Beschreibung des Experiments:

1. Füllt ein Glas zu ¾ mit Tee oder gefärbtem Wasser. Stellt das Glas auf ein dickes Buch.

2. Das andere Glas stellt ihr leer daneben, so dass es etwas tiefer steht.

3. Rollt die Serviette zusammen und feuchtet sie an. Hängt die Serviette über die beiden Gläser, wie ihr es in der Skizze erkennen könnt. Wichtig dabei ist, dass sie im vollen Glas ein Stück im Wasser hängt.

4. Beobachtet nun, was mit dem Wasser passiert.

Skizze des Versuchsaufbaus:

20 Wir bauen einen Elektromagneten

geeignet für Klasse	Lehrer-/Schüler-Experiment (Gruppengröße)	Vorbereitungszeit	Dauer des Experiments	Schwierigkeitsgrad
3/4	(2-4)	25 min	15 min	☺☺☺

 Schlüsselwörter:
Magnetismus, Elektrizität, Elektromagnet

 benötigtes Material:
3 m lackisolierter Kupferdraht
5 cm lange Eisenschraube mit Mutter
4,5 V Batterie
Papier
einige Nägel

 Einbindung in den Unterricht:
Dieser Versuch eignet sich sowohl für die Einbindung in das Unterrichtsthema „Elektrizität", als auch als Vertiefung des Themas „Magnetismus". Vor dem Experiment sollten die Schüler die Grundlagen des Magnetismus, aber auch der Elektrizität kennenlernen, um diesen Versuch verstehen zu können. Der Lehrer sollte ergänzend mit den Schülern auch die Einsatzbereiche in unserer Alltagswelt erarbeiten.

Lernziele / didaktische Hinweise:
Der Elektromagnet zeigt dem Schüler die Verwandtschaft von Magnetismus und Elektrizität. Der Elektromagnet ist nur dann magnetisch, wenn er an eine Stromquelle, in diesem Versuch die Batterie, angeschlossen ist.
Dies macht ihn für die Industrie sehr nützlich, da man viele Metalle auf diese Weise aufheben und auch wieder loslassen kann. Auf einem Schrottplatz z.B. kann ein großer Elektromagnet angewendet werden. Der Schüler sollte nach diesem Experiment in der Lage sein, verschiedene Alltagsphänomene dem Prinzip des elektrisch induzierten Magnetismus zuzuordnen.

Beschreibung des Experiments:

1. Schneidet das Papier so zurecht, dass ihr es gut um die Schraube wickeln könnt. Befestigt es dann mit Klebeband.

2. Beginnt nun am Kopf der Schraube den Draht fest um die Schraube zu wickeln. Achtet darauf, dass ihr genug Draht am Anfang frei lasst (ca. 20 cm), damit man ihn an die Batterie anschließen kann.

3. Wickelt immer erst eine Lage zu Ende bevor ihr mit der nächsten beginnt. Passt auf, dass ihr auch hier wieder Draht frei lasst, den ihr dann auch an die Batterie anschließen könnt.

4. Kratzt nun die Isolierung an den beiden Drahtenden ab und schließt sie mit zwei Büroklammern an die Batterie an.

5. Versucht jetzt mit eurem Elektromagneten, einige Nägel hochzuheben. Zählt, wie viele ihr höchstens hochheben könnt.

6. Versucht nun das Gleiche mit dem kleineren Stück Draht. Wie viele Nägel könnt ihr jetzt hochheben?

 Skizze des Versuchsaufbaus:

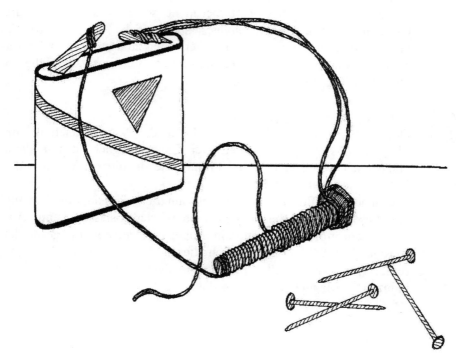

21 Die Magnetbilder

geeignet für Klasse	Lehrer-/Schüler-Experiment (Gruppengröße)	Vorberei-tungszeit	Dauer des Experiments	Schwierig-keitsgrad
3/4	(2)	5 min	5 min	☺

Schlüsselwort:
Magnetismus

benötigtes Material:
verschiedene Magnete (Stab-, Hufeisen-, Kreismagnet)
Eisenspäne
dünne Kunststoffplatte
Bleistift
Papier

Einbindung in den Unterricht:
Dieser Versuch kann in einer Unterrichtsreihe zum Thema „Magnetismus" in Verbindung mit dem Experiment „Was der Magnet so alles kann" durchgeführt werden. Anschließend kann der Lehrer vertiefend auf das Thema der magnetischen Pole eingehen und in diesem Zusammenhang z.B. den Kompass ansprechen. Alternativ kann die Verwendung von Magneten im Alltag Gegenstand des Unterrichts sein.

Lernziele / didaktische Hinweise:
Die Schüler lernen die verschiedenen Magnetformen kennen. Auch können die Schüler bei diesen Versuchen erkennen, dass Magnete unterschiedliche Pole haben, die sich hier durch die verschiedenen Anordnungen der Eisenspäne zeigen.
Durch die Eisenspäne werden die unsichtbaren Mangetfelder sichtbar gemacht.

Beschreibung des Experiments:

1. Legt die Eisenspäne auf die Kunststoffplatte.
2. Nehmt nun einen der Magnete und haltet ihn unter die Platte.
3. Beobachtet die Anordnung der Späne und zeichnet sie ab.
4. Wiederholt dies mit allen anderen Magneten!

Skizze des Versuchsaufbaus:

Stabmagnete:
gleichpolig

Stabmagnete:
verschiedenpolig

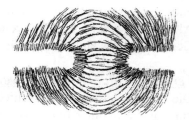

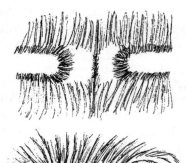

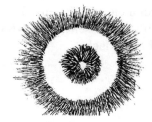

Hufeisenmagnet

Kreismagnet

22 Was ein Magnet so alles kann

geeignet für Klasse	Lehrer-/Schüler-Experiment (Gruppengröße)	Vorberei- tungszeit	Dauer des Experiments	Schwierig- keitsgrad
3/4	(2-3)	5 min	15 min	☺

Schlüsselwörter:
Magnetismus

benötigtes Material:
1 Hufeisen oder Stabmagnet
verschiedene Gegenstände, die auf ihre magnetische Eigenschaft
getestet werden:
  z.B.: Nagel, Buntstift, Filzstift, Schraube, Büroklammer aus
  Metall, Apfel, Blatt Papier, Münze, Ring, Schlüssel,
  Coladose, Alufolie,...

Einbindung in den Unterricht:
Dieser Versuch kann im Themenkomplex „Materialien und Geräte"
durchgeführt werden. Im Rahmen einer ganzen Unterrichtsreihe
zum Thema „Stoffe und ihre Eigenschaften" bieten sich folgende
Experimente als Ergänzung an: „Die Magnetbilder" und „Wir bauen
einen Elektromagneten".
Der Lehrer kann im Anschluß an den Versuch mit den Kindern über
die unterschiedlichen Materialien und ihre typischen Eigenschaften
sprechen. Hier können die Begriffe Metall und Nicht-Metall
eingeführt werden. Auch die verschiedenen Verwendungszwecke
von Magneten können eingeführt werden.

Lernziele / didaktische Hinweise:
Die Kinder erkennen, dass einige Gegenstände von dem Magneten
angezogen werden und andere nicht. Sie stellen fest, dass alle
Stoffe, die von dem Magneten angezogen werden, Metalle sind oder
enthalten. Es gibt aber auch Metalle, wie z.B. Aluminium
(Coladose), die nicht angezogen werden. Ebenfalls lernen die
Kinder hier Daten zu erfassen und sie sinnvoll aufzuzeichnen. Dies
ist eine wichtige Grundlage strukturierten Arbeitens.

Beschreibung des Experiments:

1. Überlegt euch, welche Gegenstände vom Magneten angezogen werden und welche nicht. Überprüft dann eure Vermutungen.

2. Legt die Gegenstände auf den Tisch und nähert euch ihnen mit dem Magneten.

3. Notiert in der Tabelle, welche Dinge angezogen beziehungsweise nicht angezogen werden. In die freien Felder der Tabelle könnt ihr weitere Gegenstände eurer Wahl eintragen und überprüfen, ob diese angezogen werden.

4. Aus welchem Material sind alle Dinge, die von dem Magneten angezogen werden?

 Skizze des Versuchsaufbaus:

Gegenstand	wird angezogen	wird nicht angezogen
Nagel		
Büroklammer aus Metall		
Filzstift		
Blatt Papier		
Münze		
Schraube		
Apfel		
Ring		
Buntstift		
Coladose		
Schlüssel		

23 Ein Bleistift als Zauberstab

geeignet für Klasse	Lehrer-/Schüler-Experiment (Gruppengröße)	Vorbereitungszeit	Dauer des Experiments	Schwierigkeitsgrad
3/4	(2)	5 min	15 min	☺☺

 Schlüsselwörter:
Elektrizität, elektrostatische Ladung

 benötigtes Material:
1 alte Schallplatte
Silberkügelchen, die man sonst zum Backen verwendet
1 Glasschale
1 sauberes, trockenes Stofftaschentuch
1 spitzen Bleistift

 Einbindung in den Unterricht:
Dieses Experiment kann in einer Unterrichtsreihe zum Thema „Elektrizität" in Verbindung mit verschiedenen anderen Versuchen wie zum Beispiel „Der elektrisierte Filzstift" durchgeführt werden. Die genannten Versuche bieten eine einfache Einleitung zum Verständnis von Elektrizität. Sie können je nach Altersstufe von dem Lehrer umfassend erläutert werden.

Lernziele / didaktische Hinweise:
In diesem Versuch wird den Schülern der Begriff „Elektrostatische Ladung" deutlich. Durch die Reibung wird die Schallplatte mit statischer Elektrizität unterschiedlich stark aufgeladen. Die Kügelchen werden von den stärker geladenen Punkten angezogen. Nähert man sich nun mit dem Bleistift der Platte, so verringert sich die Ladung und die Kügelchen bewegen sich dann zu einem stärker geladenen Teil der Schallplatte. Blitzableiter funktionieren nach einem ähnlichen Prinzip. Sie schwächen die elektrische Ladung der Gewitterwolken ab und verhindern so einen Blitzeinschlag, indem sie die Ladung in die Erde leiten.

Beschreibung des Experiments:

1. Reibe die Schallplatte mit dem Taschentuch.
2. Lege die Platte auf die Glasschale und lass ein paar Silberkügelchen vorsichtig auf die Platte fallen.
3. Beobachte, wie sich die Kügelchen auf der Platte verteilen. Notiere, wenn dir etwas auffällt.
4. Nimm nun den Bleistift und nähere ihn langsam der Platte. Was passiert, wenn sich die Bleistiftspitze einem Silberkügelchen nähert?

 Skizze des Versuchsaufbaus:

24 Der elektrisierte Filzstift

geeignet für Klasse	Lehrer-/Schüler-Experiment (Gruppengröße)	Vorberei- tungszeit	Dauer des Experiments	Schwierig- keitsgrad
2 - 4	(2)	5 min	15 min	☺☺

Schlüsselwörter:
Elektrizität, elektrostatische Ladung

benötigtes Material:
1 trockenes, sauberes Stofftaschentuch
1 kleine Plastikflasche
1 kleine Glasflasche ohne Deckel
1 Faden
1 Filzstift aus Plastik

Einbindung in den Unterricht:
Die Elektrizität ist ein umfangreiches Thema, das in der Grundschule schon eine wichtige Bedeutung hat. In ihrer Lebenswirklichkeit kommen die Schüler sehr oft mit diesem Thema in Berührung. Dieses Experiment soll in Verbindung mit einigen ergänzenden Experimenten, wie z.B. „Ein Bleistift als Zauberstab" eine Einführung in dieses Thema bieten.

Lernziele / didaktische Hinweise:
Die Schüler lernen hier die Bedeutung von geladenen Teilchen kennen. Sie verstehen besser, dass es unterschiedliche Ladungen gibt und dass gleiche Ladungen sich anziehen, während unterschiedliche Ladungen sich abstoßen: In diesem Fall werden sowohl der Stift als auch die Plastikflasche durch die Reibung negativ aufgeladen, d.h. sie stoßen sich ab. Die Glasflasche hingegen ist positiv geladen, d.h. sie wird vom negativ geladenen Stift angezogen.

Beschreibung des Experiments:

1. Bindet den Faden fest um die Flasche, so dass er nicht verrutscht.

2. Reibt jetzt die Flasche einige Sekunden mit dem Taschentuch. Anschließend reibt ihr den Filzstift einige Sekunden kräftig mit dem Tuch.

3. Haltet nun die Flasche an dem Faden fest, so dass sie frei schwingt. Haltet nun den Filzstift daneben. Was könnt ihr beobachten?

4. Hängt nun die Glasflasche an den Faden und reibt sie ebenfalls mit dem Taschentuch ab. Auch den Filzstift müsst ihr jetzt noch einmal reiben. Was passiert nun, wenn ihr den Filzstift neben die Glasflasche haltet?

Skizze des Versuchsaufbaus:

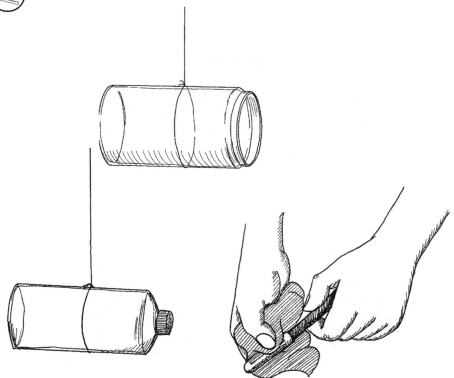

25 Springende Papierfische

geeignet für Klasse	Lehrer-/Schüler-Experiment (Gruppengröße)	Vorberei- tungszeit	Dauer des Experiments	Schwierig- keitsgrad
2 - 4	(1)	15 min	5 min	☺

Schlüsselwörter:
Elektrostatische Aufladung

benötigtes Material:
1 flache Plastikdose mit durchsichtigem Deckel
1 Wollschal
1 Lineal
Schere
Transparentpapier
Bleistift

Einbindung in den Unterricht:
Dieser Versuch kann in den Themenkomplex „Elektrizität" eingebunden werden. Es gibt zahlreiche Experimente mit denen dem Schüler die elektrostatische Aufladung von Gegenständen deutlich gemacht werden kann. Es bietet sich an, in diesem Rahmen ein Stationenlernen mit mehreren Versuchen zu diesem Thema (Versuche 23-31) durchzuführen. So werden den Schülern die Unterschiede und Gemeinsamkeiten der verschiedenen Versuche leichter deutlich.

Lernziele / didaktische Hinweise:
Die Schüler lernen in dieser Unterrichtseinheit die Grundlagen der elektrostatischen Anziehungskraft kennen. Sie erfahren, dass bei der Elektrostatik im Gegensatz zu anderen elektrischen Vorgängen die geladenen Teilchen nicht durch einen Leiter fließen, sondern sich anziehen bzw. abstoßen. Durch die Reibung des Plastiklineals am Wollschal wird dieses negativ aufgeladen. Die Papierfische werden beim Annähern des Lineal von diesem angezogen.

Beschreibung des Experiments:

1. Schneide 20 Papierfische aus, die jeweils 3 cm lang sein sollten.
2. Lege sie in die Plastikschale und schließe den durchsichtigen Deckel.
3. Reibe jetzt etwa 10 Sekunden kräftig das Plastiklineal an dem Wollschal.
4. Streiche nun vorsichtig mit dem Lineal über den Deckel des Behälters hin und her.
5. Was beobachtest du?

 Skizze des Versuchsaufbaus:

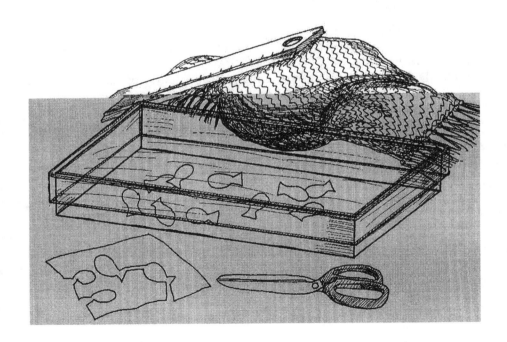

26 Der einfache Stromkreis

geeignet für Klasse	Lehrer-/Schüler-Experiment (Gruppengröße)	Vorberei-tungszeit	Dauer des Experiments	Schwierig-keitsgrad
3/4	(3-4)	10 min	30 min	☺

Schlüsselwörter:
Stromkreis, Batterie

benötigtes Material:
ca. 10 cm x 15 cm großes Holzbrettchen oder feste Pappe
3 Stücke Kupferdraht (ca. 15-20 cm lang)
1 Batterie
mindestens 4 Reißzwecken (ohne Plastikbezug)
1 große Metallbüroklammer
1 kleine 4,5 V Glühbirne mit Fassung
1 Drahtzange
Tesafilm

Einbindung in den Unterricht:
Dieser Versuch läßt sich dem Aufgabenschwerpunkt „Materialien und Geräte" zuordnen. Die Schüler lernen anhand eines Modells die Wirkprinzipien einfacher Geräte kennen. Auch können sie beim selbstständigen Anfertigen des Stromkreises handwerkliches Geschick entwickeln.

Lernziele / didaktische Hinweise:
Die Schüler lernen den einfachen Stromkreislauf kennen und verstehen, dass der Strom nur fließen und arbeiten (z.B. Glühbirne leuchten lassen) kann, wenn der Stromkreislauf geschlossen und ein geeigneter Leiter vorhanden ist. Mit diesem einfachen Versuch lässt sich den Schülern anschaulich erklären, wie elektrische Schalter funktionieren, z.B. Lichtschalter, Klingeln usw.

Beschreibung des Experiments:

1. Steckt zuerst die Büroklammer mit den Reißzwecken auf dem Holzbrett fest. Dabei muss die Büroklammer, wenn sie heruntergeklappt wird, die zweite Reißzwecke berühren.
2. Ihr müsst die Isolation der einzelnen Drahtenden vorher ein bisschen abschneiden.
3. Wickelt um jede Reißzwecke das blanke Ende eines Drahtes.
4. Verbindet den einen Draht mit der Batterie, indem ihr den Draht mit Tesafilm an einem Batterieende befestigt. Das Ende des anderen Drahtes wickelt ihr um die Glühbirnenfassung, so wie ihr es auf der Skizze erkennen könnt.
5. Das dritte Drahtstück verbindet die Glühbirne mit der Batterie.
6. Achtung! Die Drähte dürfen sich nicht berühren, kürzt sie entsprechend.
7. Beobachtet was passiert, wenn ihr die Büroklammer an die Reißzwecke anlehnt, der Stromkreis also geschlossen ist.

Skizze des Versuchsaufbaus:

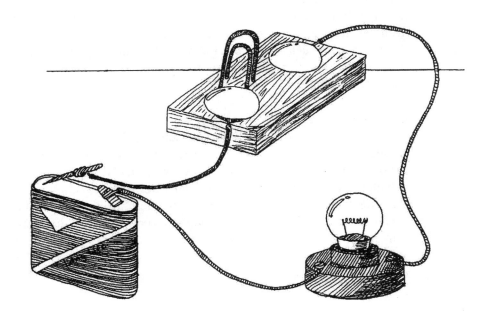

27 Der Wäscheklammerschalter

geeignet für Klasse	Lehrer-/Schüler-Experiment (Gruppengröße)	Vorberei-tungszeit	Dauer des Experiments	Schwierig-keitsgrad
3/4	(2)	20 min	5 min	☺☺

Schlüsselwörter:
Strom, Schalter, Batterie, Stromfluß

benötigtes Material:
Aluminiumfolie
1 Batterie
1 Glühbirne mit Fassung
3 Stücke isolierter Draht (ca. 20 cm lang)
2 Büroklammern
Klebeband

Einbindung in den Unterricht:
Dieses Experiment könnte in Verbindung mit der „Münzenbatterie" und „Dein eigener Dimmer" im Themenbereich „Elektrizität" durchgeführt werden. Der Lehrer sollte vor dem Versuch grundlegende Kenntnisse zur Elektrizität eingeführt haben. Zu Beginn des Versuchs sollte der Lehrer sicher sein, dass alle Schüler den Stromkreis kennen und eine Glühbirne an eine Batterie anschließen können.

Lernziele / didaktische Hinweise:
Die Schüler lernen in diesem Versuch die Funktionsweise von Schaltern kennen. Der Mechanismus ist an diesem Beispiel für die Schüler einfach zu erkennen. Die Wäscheklammer dient als Schalter. Ist sie geschlossen, so ist der Stromkreis geschlossen, da sich die leitenden Folien berühren, und der Strom kann fließen. Wenn man sie öffnet, ist die Leitung unterbrochen, und die Lampe geht aus.

Beschreibung des Experiments:

1. Wickelt die Aluminiumfolie um die aufeinanderliegenden Enden der Wäscheklammer.

2. Isoliert vorher die Drahtenden ab. Lasst euch hierbei vom Lehrer helfen.

3. Befestigt nun mit Klebeband oben und unten das Ende von je einem isolierten Draht.

4. Schließt nun die Batterie und die Glühbirne an. Der Wäscheklammerschalter wird dabei zwischen Batterie und Glühbirne angeschlossen.

5. Vergleicht eure Konstruktion mit der Skizze, und kontrolliert, ob ihr alles richtig angeschlossen habt.

6. Wenn ihr jetzt die Wäscheklammer öffnet und schließt, funktioniert sie wie ein Schalter. Warum ist das so?

 Skizze des Versuchsaufbaus:

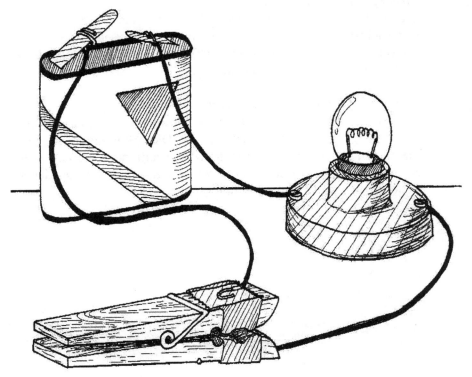

28 Die Münzenbatterie

geeignet für Klasse	Lehrer-/Schüler-Experiment (Gruppengröße)	Vorberei-tungszeit	Dauer des Experiments	Schwierig-keitsgrad
3/4	(2-4)	35 min	10 min	☺☺☺

Schlüsselwörter:
Elektrizität, Batterie, Stromfluss

benötigtes Material:
6 saubere, glänzende 2 Pfennig-Münzen
1 kleine 4,5 V Glühbirne
Löschpapier
Aluminiumfolie
2 Stücke isolierten Draht
Salz

Einbindung in den Unterricht:
Dieses Experiment eignet sich für die Einsetzung in einer Unterrichtsreihe zum Thema „Elektrizität". Der Lehrer sollte vor der Durchführung des Versuchs auf die Leitung von Strom und die Funktionsweise von Batterien eingehen.

Lernziele / didaktische Hinweise:
Die Schüler lernen bei diesem Experiment exemplarisch die Funktionsweise von Batterien kennen. Die Aluminiumfolie gibt Elektronen ab, die das Kupfer in der Münze aufnimmt. Durch diesen chemischen Vorgang kommt es zu einem Fluß von geladenen Teilchen, und somit fließt Strom.

Beschreibung des Experiments:

1. Schneidet das Löschpapier und die Aluminiumfolie in kleinere Stücke.

2. Löst Salz in einem kleinen Gefäß mit Wasser.

3. Feuchtet das Löschpapier mit diesem Salzwasser an.

4. Legt nun eine Münze auf den Tisch. Darauf kommt dann ein Stück Löschpapier und dann ein Stück Aluminiumfolie. Dies wiederholt ihr, bis 6 Münzen aufeinander liegen. Die 6. Münze bildet den Abschluss.

5. Ihr müsst die Isolation an den Kabelenden etwas ablösen.

6. Schiebt nun das eine Ende von dem Draht vorsichtig unter den Stapel. Wickelt das andere Ende um die Glühbirne.

7. Das eine Ende des zweiten Drahtes legt ihr auf die oberste Münze und das andere Ende ebenfalls an die Glühbirne.

8. Beobachtet was passiert.

 Skizze des Versuchsaufbaus:

29 Dein eigener Dimmer

geeignet für Klasse	Lehrer-/Schüler-Experiment (Gruppengröße)		Vorberei-tungszeit	Dauer des Experiments	Schwierig-keitsgrad
3/4		(2)	20 min	5 min	☺☺

Schlüsselwörter:
Stromkreis, Dimmer, Batterie

benötigtes Material:
Aluminiumfolie
Batterie
1 4,5 V Glühbirne mit Fassung
isolierter und unisolierter Draht
2 Büroklammern
Bleistift

Einbindung in den Unterricht:
Dieses Experiment könnte in Verbindung mit der „Münzenbatterie" und „Der Wäscheklammerschalter" im Themenbereich „Elektrizität" durchgeführt werden. Der Lehrer sollte vor dem Versuch grundlegende Kenntnisse zur Elektrizität vermittelt haben. Zu Beginn des Versuchs sollte der Lehrer sicher sein, dass alle Schüler den Stromkreis kennen und Leiter von Nichtleitern unterscheiden können.

Lernziele / didaktische Hinweise:
Viele Schüler kennen die Funktionsweise eines Dimmers schon aus dem Haushalt. Die Schüler lernen in diesem Versuch, wie es zu der unterschiedlichen Lichtintensität, die der Dimmer beeinflußt, kommt. Hier stellt ein um einen Bleistift gewickelter Draht den Dimmer dar. Je nachdem, wo auf dem gewickelten Draht die Verbindung hergestellt wird, ändert sicht auch die Intensität des Lichtes. Je kürzer die Leitung, desto heller ist das Licht.

Beschreibung des Experiments:

1. Wickelt den unisolierten Draht so oft es geht um den Bleistift.

2. Teilt den isolierten Draht in drei Teile.

3. Schaut euch die Skizze an: Schließt zwei Drahtenden, an denen ihr vorher die Enden abisoliert habt, an der Glühbirne an. Einen der Drähte befestigt ihr mit der Büroklammer an der Batterie. Den anderen befestigt ihr an dem *Dimmer*, also dem Bleistift.

4. Jetzt verbindet ihr noch das übrige Kabel mit der zweiten Büroklammer an der Batterie.

5. Haltet nun das freie Ende an eine Stelle des gewundenen Drahtes, der als Dimmer eingesetzt wird. Verändere mehrmals die Stelle.

6. Was passiert mit der Glühbirne?

 Skizze des Versuchsaufbaus:

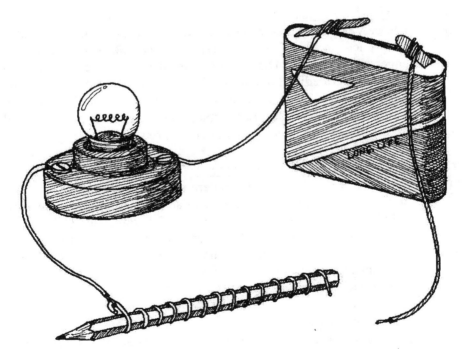

30 Radiowellen selbst erzeugt

geeignet für Klasse	Lehrer-/Schüler-Experiment (Gruppengröße)	Vorberei-tungszeit	Dauer des Experiments	Schwierig-keitsgrad
2 - 4	(2)	5 min	10 min	☺

Schlüsselwörter:
Radiowellen, Schall

benötigtes Material:
40 cm langes Kabel
1 Batterie (Babyzelle)
Klebeband
1 Messer
1 Radio

Einbindung in den Unterricht:
Dieser Versuch kann in einer Unterrichtsreihe zum Thema „Schall", aber auch in dem Themenbereich „Rundfunk und Fernsehen" angewendet werden. Der Lehrer kann diesen Versuch nutzen, um den Schülern die Funktionsweise von Radiogeräten und die Entstehung der Töne zu erläutern. Hierzu kann der Lehrer auch andere Experimente zur Entstehung von Tönen, wie zum Beispiel „Töne fühlen" von den Schülern durchführen lassen.

Lernziele / didaktische Hinweise:
In diesem Versuch soll den Schülern deutlich werden, woraus Töne bestehen und wie sie in das Radio gelangen. Radiowellen, die auch in diesem Versuch erzeugt werden, sind Schwingungen elektrischer Energie, die sich durch die Luft, aber auch im Weltraum und sogar durch feste Gegenstände hindurch bewegen können. In diesem Experiment werden nur sehr schwache Radiowellen, die in Form eines Knackens im Radio zu hören sind, erzeugt.

besondere Hinweise:
Der Lehrer sollte den Kindern beim Abziehen der Isolierung behilflich sein oder die Kabelenden schon vorher selbst abgezogen haben.

Beschreibung des Experiments:

1. Nehmt das 40 cm lange Kabel und zieht mit einem Messer an beiden Enden 2 cm der Isolierung ab. Lasst euch hier vom Lehrer helfen.

2. Das eine Kabelende befestigt ihr mit dem Klebeband an der Oberseite der Batterie (siehe Skizze).

3. Stellt das Radio nun auf Lang- oder Mittelwelle ein, so dass ihr keinen Sender empfangt, und legt die Batterie mit dem freien Kabelende in die Nähe.

4. Tippt nun, während ihr die Batterie vor dem Radio hin und her bewegt, mit dem Kabelende auf das freie Ende der Batterie. Jetzt könnt ihr eure eigenen Radiowellen hören.

 Versuchsskizze:

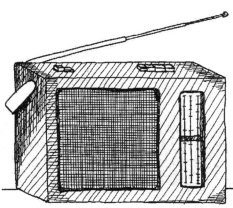

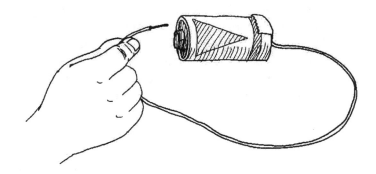

31 Der Ladungstester

geeignet für Klasse	Lehrer-/Schüler-Experiment (Gruppengröße)	Vorberei- tungszeit	Dauer des Experiments	Schwierig- keitsgrad
2 - 4	(2)	20 min	20 min	☺☺

Schlüsselwörter:
Elektrostatische Aufladung

benötigtes Material:
1 Marmeladenglas
1 rundes Stück Pappe, das etwas größer
    als die Öffnung des Marmeladenglases ist
Alufolie
Faden
Klebeband
1 Nagel
1 Plastikkamm und Plastikstift
Schere

Einbindung in den Unterricht:
Dieser Versuch sollte in einer Unterrichtsreihe zum Thema „Elektrizität" durchgeführt werden. Zuvor sollten die Schüler mit dem Begriff „elektrostatische Ladung" vertraut gemacht worden sein. Um diesen einzuführen, können die Schüler die folgenden Experimente durchführen: „Ein Bleistift als Zauberstab" und „Der elektrische Filzstift".

Lernziele / didaktische Hinweise:
Mit dem in diesem Versuch hergestellten Ladungstester können die Schüler überprüfen, ob ein Gegenstand elektrostatisch aufgeladen ist. Durch die Berührung des Nagels mit z.B. einem aufgeladenen Kamm wandert die statische Ladung durch den Nagel in die Aluminiumfolienstücke. Diese gehen dann im Falle einer elektrostatischen Ladung auseinander.

Beschreibung des Experiments:

1. Steckt zunächst den Nagel durch die Pappe.

2. Knotet nun die Mitte des Fadens fest um den Nagel. Er darf nicht verrutschen.

3. Schneidet zwei kleine Stücke Alufolie zurecht. Sie sollten ungefähr 1,5 cm x 1,5 cm groß sein. Klebt sie dann an den Fadenenden fest. Der Faden darf aber nicht zu lang sein. Die Alufolienstücke dürfen nicht den Boden des Marmeladenglases berühren.

4. Jetzt könnt ihr mit dem Klebeband die Pappe auf dem Glas festkleben, so dass die Alufolienstückchen frei im Glas hängen. Euer Ladungstester ist jetzt fertig.

5. Kämmt nun eure Haare mit einem Plastikkamm mehrmals kräftig durch. Sie müssen allerdings absolut trocken sein.

6. Streicht den Kamm vorsichtig über den Nagel und beobachtet die Aluminiumstückchen. Wenn sie sich auseinander bewegen, ist der Kamm statisch aufgeladen.

7. Wiederholt den Versuch mit anderen Gegenständen, die ihr vorher mit dem Baumwolltuch gerieben habt.

Skizze des Versuchsaufbaus:

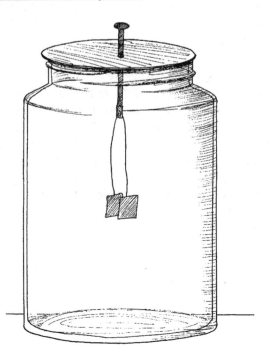

32 Zwiebel oder Apfel?

geeignet für Klasse	Lehrer-/Schüler-Experiment (Gruppengröße)	Vorberei-tungszeit	Dauer des Experiments	Schwierig-keitsgrad
1 - 4	(2)	2 min	10 min	☺

Schlüsselwörter:
Geruch, Geschmack

benötigtes Material:
1 Kartoffel
1 Apfel
1 Zwiebel
verschiedenes anderes Obst und Gemüse
Küchenmesser

Einbindung in den Unterricht:
In diesem Versuch wird die Beziehung zwischen Geruchs- und Geschmackssinn deutlich. Der Lehrer sollte nach dem Versuch mit den Schüler die Zusammenhänge klären. Im Folgenden werden weitere Versuche zum Thema „Körper und Sinne" vorgestellt (Versuche Nr. 32-39). Es bietet sich an, diese gemeinsam durchzunehmen.

Lernziele / didaktische Hinweise:
Der Geschmacks- und der Geruchssinn sind wichtige Sinne. Bei diesem Versuch wird den Schülern der Zusammenhang deutlicher. Wenn sie mit zugehaltener Nase etwas essen, so schmecken sie nicht immer, was es ist. Viele Dinge haben einen charakteristischen und oft starken Geruch, der unseren Geschmackssinn beeinflussen kann. Wenn man Schnupfen hat, kann man deswegen meistens auch nichts richtig schmecken, da der Geruchssinn in diesem Fall außer Gefecht gesetzt ist.

Beschreibung des Experiments:

1. Wascht und schält alle Früchte sorgfältig.

2. Schneidet sie in kleine Stückchen, die ungefähr gleich groß sein sollten. Laßt ein Viertel Zwiebel und ein Viertel Apfel übrig.

3. Verbinde deinem Partner die Augen. Er darf nicht sehen, was du ihm in den Mund schiebst.

4. Laß ihn nun auch seine Nase zuhalten. Er sollte nicht riechen, was du ihm in den Mund steckst.

5. Notiere, welches Obst und Gemüse er erkennt.

6. Nimm nun ein Stück Zwiebel und halte es deinem Partner vor die Nase. Stecke ihm gleichzeitig ein Stück Apfel in den Mund.

7. Was glaubt dein Partner zu schmecken?

 Skizze des Versuchsaufbaus:

33 Der Geschmackstest

geeignet für Klasse	Lehrer-/Schüler-Experiment (Gruppengröße)	Vorberei-tungszeit	Dauer des Experiments	Schwierig-keitsgrad
1 - 4	(2)	20 min	20 min	☺☺

Schlüsselwörter:
Limonade, Geschmack, Sinne

benötigtes Material:
Cola
7-Up Limonade (beides aus dem Kühlschrank)
1 Schuhkarton
2 Gläser, die man in den Schuhkarton stellen kann
2 Strohhalme
1 Kugelschreiber

Einbindung in den Unterricht:
Dieser Versuch kann in einer Unterrichtsreihe zum Thema Lebens-mittel eingeführt werden. Der Lehrer sollte in diesem Versuch auch darauf hinweisen, dass Cola und Limonade einen sehr hohen Zuk-kergehalt haben. Zudem enthält Cola Koffein und ist somit für jün-gere Kinder nur eingeschränkt geeignet. Man kann diesen Versuch mit dem „Zwiebel oder Apfel?"-Versuch verbinden. So wird den Schülern das Zusammenwirken der verschiedenen Sinne deutlicher vor Augen geführt.

Lernziele / didaktische Hinweise:
Das Rezept der Colaherstellung und welche Inhaltsstoffe es enthält, ist ein Geheimnis der Firmen. Viele Schüler wissen auch nicht, dass Cola und 7-Up auf Zitronenbasis hergestellt werden, also den glei-chen Grundstoff haben.
Die Schüler erkennen, dass sie nicht in der Lage sind zu unterschei-den, welches Getränk sie probieren. Beim Schmecken/Erkennen von Nahrung spielt das Zusammenwirken der verschiedenen Sinne eine wichtige Rolle. In diesem Fall kann das Getränk werder gesehen, noch gerochen werden. Dies erschwert die Erkennung.

Beschreibung des Experiments:

1. Suche dir einen Partner mit dem du diesen Geschmackstest durchführst. Dein Partner sollte, wenn du den Versuch aufbaust nicht zuschauen können.
2. Bohre in den Deckel des Schuhkartons zwei Löcher mit Hilfe des Kugelschreibers. Stecke dann die Strohhalme hindurch.
3. Stelle zwei Gläser in den Schuhkarton und fülle in das eine Cola und in das andere 7-Up. Wähle ihre Position so, dass in jedes Glas ein Strohhalm führt, wenn du den Deckel schließt.
4. Jetzt darf dein Partner probieren. Mache den Versuch mehrmals und tausche zwischendurch die Gläser aus.
5. Kann er die Getränke unterscheiden?

Skizze des Versuchsaufbaus:

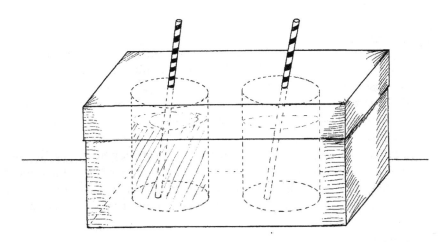

34 Der Hörtest

geeignet für Klasse	Lehrer-/Schüler-Experiment (Gruppengröße)	Vorberei-tungszeit	Dauer des Experiments	Schwierig-keitsgrad
1 - 4	(2)	2 min	10 min	☺

Schlüsselwörter:
Gehör, Messen, Maßeinheiten, Sinne

benötigtes Material:
30 cm langes Lineal
kleiner Gegenstand, z.B. eine Stecknadel
Notizzettel
Bleistift

Einbindung in den Unterricht:
Dieser Hörtest kann in das Thema „Körper und Gesundheit" eingebunden werden. Das Ohr ist ein für uns sehr wichtiges Sinnesorgan. Der Versuch könnte Teil einer Unterrichtsreihe über die menschlichen Sinne sein. Ergänzend könnte man zum Beispiel auch einen Seh- und Geschmackstest machen (s. Versuch Nr. 32, 33, 36, 39)
Hier wird der mathematische Aspekt mit einbezogen, da die Schüler messen sollen, ab welchem Abstand das Fallen der Nadel nicht mehr hörbar ist. Auch der sprachliche Aspekt wird gefördert, da die Schüler ihre Ergebnisse schriftlich ausformuliert festhalten sollen.

Lernziele / didaktische Hinweise:
Die Schüler lernen durch diesen Test einen Teil ihres Körpers, das Sinnesorgan Ohr, besser kennen. Sie erkennen, dass das Hörvermögen individuell verschieden ist.

Beschreibung des Experiments:

1. Suche dir einen Partner, der sich an einen Tisch setzt.
2. Stelle dich mit dem Rücken zum Tisch.
3. Dein Partner nimmt das Lineal in die eine und die Nadel in die andere Hand.
4. Er läßt nun die Nadel aus einer Höhe von ungefähr 15 cm auf den Tisch fallen. Wenn du die Nadel fallen hörst, so hebe die rechte Hand.
5. Dein Partner mißt nun den Abstand von dir bis zum Tisch und notiert ihn.
6. Gehe nun zwei Schritte weiter und wiederhole den Versuch so lange, bist du die Nadel nicht mehr hörst. Dein Partner misst und notiert die Entfernungen.
7. Wechselt nun die Rollen. Vergeßt nicht, eure Ergebnisse zu notieren.
8. Was stellt ihr mit Hilfe eurer Notizen fest? Ab welchem Abstand war die Nadel nicht mehr zu hören? Wer hört besser?
9. Schreibt eure Ergebnisse auf.

Skizze des Versuchsaufbaus:

35 Töne fühlen

geeignet für Klasse	Lehrer-/Schüler-Experiment (Gruppengröße)	Vorberei-tungszeit	Dauer des Experiments	Schwierig-keitsgrad
1 - 4	(1)	5 min	5 min	☺

Schlüsselwörter:
Schallwellen, Töne, Vibrationen

benötigtes Material:
1 Luftballon
Musikanlage mit Lautsprechern

Einbindung in den Unterricht:
Dieser Versuch kann in einer Unterrichtsreihe zum Thema „Schall" eingesetzt werden. Er zeigt, woraus Geräusche eigentlich bestehen und wie man diese auch fühlen kann.

Lernziele / didaktische Hinweise:
Die Schüler lernen in diesem Experiment, dass Geräusche Bewegungen in der Luft sind. Diese nennt man Schallwellen. Im Ohr werden diese Luftbewegungen auf das Trommelfell übertragen und von dort aus zum Gehirn weitergeleitet, wo sie dann „übersetzt" werden.

Beschreibung des Experiments:
1. Blase einen Luftballon fest auf und schalte die Musik an.
2. Halte den Luftballon in einem Abstand von 1 Meter locker in deinen Händen vor den Lautsprecher.
3. Hierbei solltest du den Luftballon zwischen den Händen halten in Richtung des Lautsprechers.
4. Bewege nun den Luftballon ein bißchen, bis du die Töne fühlst.

 Skizze des Versuchsaufbaus:

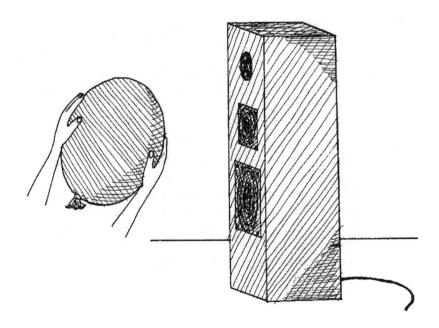

36 Optische Täuschung

geeignet für Klasse	Lehrer-/Schüler-Experiment (Gruppengröße)	Vorberei- tungszeit	Dauer des Experiments	Schwierig- keitsgrad
1 - 4	(1)	2 min	10 min	☺

Schlüsselwörter:
Auge, Optische Täuschung, Sinne

benötigtes Material:
deine Augen und Hände
Tonpapier oder Papierbogen (30cm x 21cm)
Tesafilm

Einbindung in den Unterricht:
Dieses Experiment kann in einer Unterrichtsreihe zum Thema „Sinne" eingesetzt werden. Erweiternd hierzu lassen sich weitere Experimente zu diesem Thema durchführen, wie z.B. „Der Hörtest", „Töne fühlen", „Der Geschmackstest", „Zwiebel oder Apfel", usw.

Lernziele / didaktische Hinweise:
Die Schüler lernen das Sinnesorgan Auge näher kennen und setzen sich mit der optischen Täuschung auseinander. Augen und Gehirn arbeiten eng zusammen, um uns ein Bild von unserer Umwelt zu liefern. Doch nicht alles, was wir zu sehen glauben, entspricht auch der Realität. Das Gehirn deutet manche von unseren Augen eingefangene Bilder falsch und wir nehmen etwas wahr, das nicht den objektiven Gegebenheiten entspricht.

Beschreibung des Experiments:

1. Halte den Zeigefinger jeder Hand in einer Entfernung von 20 cm voneinander vertikal (d.h. senkrecht) vor deine Augen. Starre auf etwas im Raum, das hinter ihnen liegt. Schau nicht auf deine Finger!
   Was siehst du?

2. Halte jetzt deine Zeigefinger horizontal (d.h. waagerecht) zum Boden im Abstand von 20 cm vor deine Augen. Die Zeigefinger sollten einen Abstand von ca. 1 cm voneinander haben.
   Was erkennst du?

3. Rolle den Papierbogen so, dass du ein 30 cm langes Rohr erhältst, durch das du schauen kannst. Klebe dieses dann zusammen. Schaue nun mit deinem rechten Auge durch das Rohr auf deine linke Hand. Das linke Auge läßt du offen.
   Kannst du in deiner Handfläche etwas erkennen?

Skizze des Versuchsaufbaus:

zu 1.  **zu 2.**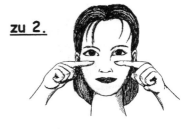

zu 3.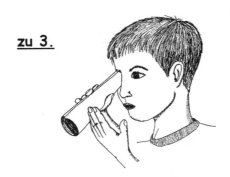

Dies solltest du erkennen:

zu 1.

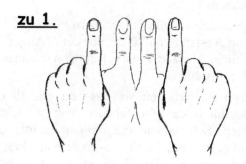

zu 2.

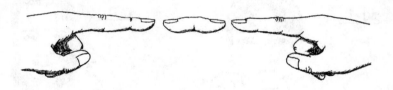

zu 3.

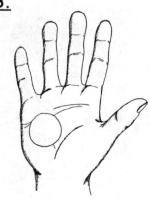

37 Puls messen

geeignet für Klasse	Lehrer-/Schüler-Experiment (Gruppengröße)	Vorberei-tungszeit	Dauer des Experiments	Schwierig-keitsgrad
1 - 4	(2)	20 min	10 min	☺☺

Schlüsselwort:
Pulsfrequenz, Herzschlag, Erste Hilfe, Körper

benötigtes Material:
dein Körper
1 Uhr mit Sekundenzeiger
1 Stift
1 Blatt Papier

Einbindung in den Unterricht:
Der Versuch „Puls messen" geeignet sich sowohl für den Einstieg in eine Unterrichtsreihe zum Thema „Erste Hilfe" als auch zum Themenkomplex „Körper und Gesundheit", hier können über das Herz hinaus die anderen Organe besprochen werden Auch der mathematische Aspekt wird berücksichtigt, da die Schüler die gezählten Pulsschläge multiplikativ (oder auch additiv) errechnen müssen.

Lernziele / didaktische Hinweise:
Die Schüler lernen ihren Körper besser kennen, in diesem Fall beschäftigen sie sich näher mit ihrem Puls. Im ruhigen Zustand beträgt der Pulsschlag etwa 60-80 Herzchläge pro Minute und kann nach Anstrengungen bis zu 120 Herzschläge pro Minute betragen. So läßt sicht auch feststellen, ob jemand viel oder wenig Sport treibt, denn bei sportlich aktiven Menschen ist der Puls langsamer als bei Menschen, die kaum Sport treiben. Außerdem sollen die Schüler lernen die Daten übersichtlich festzuhalten und gesammelte Informationen auszuwerten.

Beschreibung des Experiments:

1. Zuerst müßt ihr euren Pulsschlag finden. Dazu gibt es zwei Möglichkeiten: entweder ihr fühlt am Handgelenk oder an der Halsschlagader. Probiert aus, wo ihr ihn besser spürt:
   Handgelenk: Legt den Zeige- und Mittelfinger seitlich auf die Unterseite eures Handgelenks, so wie ihr es in der Skizze seht.
   Halsschlagader: Legt Zeige- und Mittelfinger seiltlich unter den Kieferknochen, so wie in der Skizze dargestellt.

2. Dein Partner hält die Uhr und gibt dir ein Zeichen. Du zählst dann 15 Sekunden lang die Pulsschläge. Dein Partner sagt dir Bescheid, wann die 15 Sekunden vorbei sind.

3. Die gezählten Pulsschläge multiplizierst du dann mit 4 (denn 1 Minute hat ja 4 x 15 Sekunden).

4. Haltet eure Ergebnisse schriflich fest. Ihr könnt hierzu z.B. eine Tabelle erstellen.

5. Mache jetzt 20 Kniebeugen und messe deinen Puls dann noch einmal, so wie oben beschrieben. Auch das Ergebnis schreibt ihr in die Tabelle.

6. Jetzt tauscht ihr. Der Zeitstopper misst nun seinen Puls.

7. Vergleicht eure Ergebnisse untereinander und auch mit den anderen Schülern der Klasse. Was stellt ihr fest? Wer hat den höchsten/niedrigsten Puls?

 Skizze des Versuchsaufbaus:

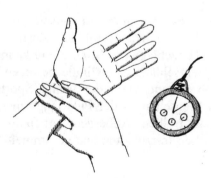

Puls messen am
Handgelenk

Puls messen an der
Halsschlagader

38 Mit dem Körper sprechen

geeignet für Klasse	Lehrer-/Schüler-Experiment (Gruppengröße)	Vorberei-tungszeit	Dauer des Experiments	Schwierig-keitsgrad
1 - 4	(8-10)	25 min	20 min	☺

Schlüsselwörter:
Körpersprache, Mimik, nonverbale Kommunikation

benötigtes Material:
Stifte
Papier
deinen Körper

Einbindung in den Unterricht:
Dieses Experiment kann im Zusammenhang einer Unterrichtsreihe zum Thema "Mein Körper und ich" durchgeführt werden. Den Schülern soll das nonverbale Kommunikationsverhalten bewußt gemacht werden. Fächerübergreifend ist natürlich auch der Einsatz im Sprachunterricht sinnvoll.

Lernziele / didaktische Hinweise:
Die Schüler lernen verschiedene Ausdrucksmöglichkeiten kennen und verstehen, dass man aufgrund der Körpersprache und Mimik Rückschlüsse auf die Stimmung und Gemütsverfassung anderer ziehen kann. Man kann sich auch ohne Worte mit anderen verständigen. Doch es kann auch zu Mißverständnissen kommen. So sollen die Schüler mehr auf ihre Mitmenschen eingehen und versuchen, anhand ihrer Körpersprache den Gemütszustand herauszufinden.

Beschreibung des Experiments:

1. Sammelt zuerst Gemütsbeschreibungen und Begriffe, die ihr pantomimisch, d.h. ohne zu sprechen, darstellen könnt. Beispiele hierfür wären: „mir ist kalt", „komm", „ich weiß nicht", „ich bin wütend/froh", „sei still", „ich kann dich nicht verstehen", „ich hab Angst", „das schmeckt gut", „ich bin müde", „mir ist langweilig", „ich bin stark", „ich schäme mich"...
Was fällt euch noch ein?

2. Schreibt alle Begriffe auf, die euch eingefallen sind.

3. Einer von euch soll sich nun mit Hilfe der Liste einen Begriff aussuchen und ihn ohne Worte darstellen, d.h. mit seiner Körpersprache, seinem Gesichtsausdruck usw.

4. Derjenige, der den Begriff erraten hat, ist als nächster dran und sucht sich einen neuen Begriff aus.

Skizze des Versuchsaufbaus:

39 Das zusammengesetzte Bild

geeignet für Klasse	Lehrer-/Schüler-Experiment (Gruppengröße)	Vorberei-tungszeit	Dauer des Experiments	Schwierig-keitsgrad
1 - 4	(2)	20 min	5 min	☺☺

Schlüsselwörter:

Trägheit der Augen, Sinnestäuschung

benötigtes Material:

Schere
Pappe
Kugelschreiber
2 x 30 cm Kordel

Einbindung in den Unterricht:

Das Auge gehört zu unseren wichtigsten Sinnesorganen. Dieser Versuch zeigt, dass unser Auge nur eine begrenzte Anzahl an Bildern pro Sekunde getrennt wahrnehmen kann.

Lernziele / didaktische Hinweise:

Unser Auge kann in einer Sekunde bis zu 10 Bildern einzeln sehen. Wird dies überschritten, so nehmen wir miteinander verschmolzene Bilder wahr. Ein Kinofilm zum Beispiel funktioniert auf diese Weise. Die Schüler können dies an einem Daumenkino oder an dieser Bilderscheibe erkennen.

Beschreibung des Experiments:

1. Schneidet einen etwa 7 cm großen Kreis aus der Pappe aus.

2. Schreibt auf der einen Seite zwei beliebige Zahlen auf die linke Hälfte des Kreises und auf der Rückseite zwei andere Zahlen auf die rechte Seite des Kreises. Ihr könnt auch Bildchen anstelle der Zahlen nehmen.

3. Bohrt dann mit der Kugelschreibermine jeweils zwei kleine Löcher in den Kreisrand neben die Zahlen, so wie ihr es in der Skizze seht.

4. Zieht je ein Kordelstück durch jede Seite und verknotet es.

5. Einer hält den Pappkreis an den Kordelenden straff auseinander, während der andere den Pappkreis so oft wendet, bis die Kordel sich stark verdreht hat.

6. Lass den Pappkreis dann los.

7. Was beobachtet ihr?

 Skizze des Versuchsaufbaus:

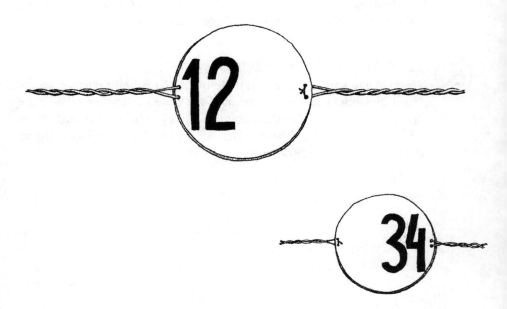

40 Zahn um Zahn

geeignet für Klasse	Lehrer-/Schüler-Experiment (Gruppengröße)	Vorberei- tungszeit	Dauer des Experiments	Schwierig- keitsgrad
2 - 4	(2)	10 min	30 min	☺☺

Schlüsselwörter:
Gebiss, Zähne, Körper

benötigtes Material:
Taschen- oder Mundspiegel
dein Gebiss
Stifte
1 Blatt Papier

Einbindung in den Unterricht:
Die Zähne sind ein wichtiger Teil unseres Körpers, der besonders gepflegt werden sollte. Eine Unterrichtsreihe zum Thema „Zähne" ist also von besonderer Bedeutung. Diese Zahnuntersuchungen helfen den Schülern, die verschiedenen Funktionen ihrer Zähne besser zu verstehen. Im Rahmen dieses Versuchs sollte der Lehrer den Schülern die Schneide-, Eck- und Backenzähne zeigen. Der Lehrer sollte bei diesem Thema auch auf die verschiedenen Putztechniken und die Entstehung von Karies eingehen. Es bietet sich an, das Experiment „Das Gummiei" in diesem Zusammenhang durchzunehmen, um die Wirkungsweise von Karies zu verdeutlichen.

Lernziele / didaktische Hinweise:
Die Schüler können bei diesem Versuch durch die Beobachtung ihrer Zähne ein Gefühl für deren Bedeutung erlangen. Zähne sollten möglichst ein ganzes Leben erhalten bleiben, und durch regelmäßige und gründliche Zahnpflege ist dies möglich.
Die Schüler sollen in der Lage, sein die verschiedenen Zähne (Schneide-, Eck- und Backenzähne) benennen zu können.
Die Schüler können sich selbst mit Hilfe der Zahnzeichnung einen „Zahnpass" erstellen, in dem sie alle fehlenden Zähne, Plomben und weitere Auffällgkeiten festhalten.

Beschreibung des Experiments:

1. Nimm einen Mund- oder Taschenspiegel und das Zahnschema (s. unten) zur Hilfe um die Zähne deines Partners zu untersuchen. Schreibe alle Beobachtungen auf.

2. Zähle die Milchzähne und die bleibenden Zähne. Welche Zähne fehlen deinem Partner im Moment?

3. Notiere auch, in welchen Zähnen schon eine Plombe ist und welche Zähne vielleicht schief stehen.

4. Zeichne einen Schneide- und einen Backenzahn.

5. Wie sehen die Eckzähne aus? Warum haben sie diese Form?

6. Schau dir jetzt die Schneidezähne an. Welche Form haben sie? Wozu braucht man sie?

7. Wie sehen die Backenzähne aus?

8. Die „8. Zähne" sind die Weisheitszähne, die bekommt ihr erst ab eurem 15. Lebensjahr.

9. Jetzt tauscht ihr und dein Partner untersucht dich!

Skizze des Versuchsaufbaus:

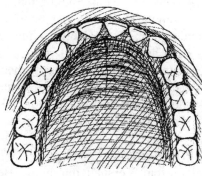

Oberkiefer

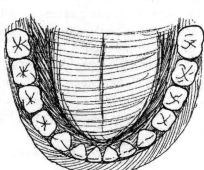

Unterkiefer

41 Der Baumagent

geeignet für Klasse	Lehrer-/Schüler-Experiment (Gruppengröße)	Vorberei- tungszeit	Dauer des Experiments	Schwierig- keitsgrad
1 - 4	(2-3)	5 min	20 min	☺☺

Schlüsselwörter:
Sinne, Natur

benötigtes Material:
1 Augenbinde
verschiedene Bäume

Einbindung in den Unterricht:
Dieser Versuch eignet sich dazu, das Interesse der Kinder an der Natur zu wecken. Eine Einführung in die heimische Pflanzenwelt ist genau wie das Erschließen der Umwelt mit allen Sinnen ein wichtiger Bestandteil dieses Experiments.

Weiterführend können die Schüler eine Mappe mit den Bäumen ihres Schulhofs oder der näheren Umgebung erstellen, indem sie die Rinde abpausen, die Blätter der Bäume sammeln und pressen, die Früchte beschreiben, den Baum skizzieren.

Lernziele / didaktische Hinweise:
Die Schüler sollen ihre Umwelt mit allen Sinnen erschließen und ihr Beobachtungsvermögen schulen. Durch das Fehlen des "Sehsinnes" sind sie verstärkt auf die anderen Sinne angewiesen. Sie erlangen dadurch Informationen, auf die sie sonst nicht geachtet hätten. Sie erkennen, dass jede Baumart ein charakteristisches Rindenmuster und einen eigenen Duft hat.

Beschreibung des Experiments:

1. Verbindet eurem Partner die Augen.
2. Führt ihn vorsichtig zu einem Baum und laßt euren Mitschüler den Baum ertasten, fühlen, daran riechen.
3. Danach geht ihr mit ihm zur Täuschung etwas herum oder dreht ihn um sich selbst.
4. Nehmt ihm die Augenbinde ab. Er soll nun versuchen "seinen" Baum wiederzufinden.
5. Hat er den Baum wiedererkannt, könnt ihr wechseln.

Skizze des Versuchsaufbaus:

42 Cola als Fleischzersetzer

geeignet für Klasse	Lehrer-/Schüler-Experiment (Gruppengröße)	Vorberei- tungszeit	Dauer des Experiments	Schwierig- keitsgrad
3/4	(1)	5 min	10 min	☺☺

Schlüsselwörter:
Verdauung, Säure, Cola

benötigtes Material:
1 Dose Coca Cola
1 Glas   Frischhaltefolie
1 kleines Stück Fleisch   1 Stück Gurke

Einbindung in den Unterricht:
Der vorliegende Versuch verdeutlicht eindrucksvoll die Wirkung der Säure aus Cola. Der Lehrer kann dieses Experiment in einer Unterrichteinheit zum Themenkomplex „Ernährung und Verdauung" durchführen lassen. Als Einführung sollte der Lehrer die Wirkung von Säuren im Allgemeinen erklären und mit verschiedenen Beispielen aus der Lebenswirklichkeit der Schüler verdeutlichen.
Falls der Lehrer näher auf die Wirkung der Säure eingehen will, kann der Versuch auch im Themenbereich „Stoffe und ihre Eigenschaften" eingesetzt werden.

Lernziele / didaktische Hinweise:
Im Körper werden die Eiweiße durch die Magensäure verdaut. Cola enthält Phosphorsäure, die das Fleisch deutlich sichtbar zersetzt. Die Proteine an der Oberfläche des Fleisches werden denaturiert. Die Säure wirkt ähnlich wie die Säure im Magen. Die Eiweiße im Fleisch werden durch den sauren pH-Wert zerstört. Die Gurke gehört zu den schwerer verdaulichen Nahrungsmitteln, in ihr sind keine Eiweiße vorhanden, die denaturieren könnten.
In diesem Zusammenhang sollen die Schüler einen Einblick in den Verdauungsprozeß bekommen.
Gleichzeitig werden sie für die Aggresivität der Phosphorsäure in der Cola sensibilisiert.

Beschreibung des Experiments:

1. Fülle die Gläser mit Cola.

2. Lege das Stück Fleisch in das eine Glas mit Cola und in das andere Glas legst du das Stück Gurke.

3. Decke die Gläser mit der Folie ab.

4. Stelle die Gläser an einen ruhigen Ort und laß sie dort einen Tag stehen.

5. Was kannst du beobachten? Vergleiche das Stück Fleisch und die Gurke.

 Skizze des Versuchsaufbaus:

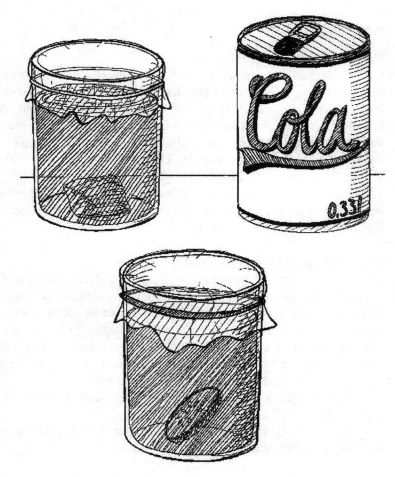

43 Die Pflanze wächst zum Licht

geeignet für Klasse	Lehrer-/Schüler-Experiment (Gruppengröße)	Vorberei-tungszeit	Dauer des Experiments	Schwierig-keitsgrad
2 - 4	(2-3)	20 min	2 Wo	☺

Schlüsselwort:
Pflanze, Licht, Wachstum

benötigtes Material:
1 Schuhkarton
1 kleiner Blumentopf
einige Bohnen
Schere
etwas Pappe
Tesafilm

Einbindung in den Unterricht:
Dieses Experiment lässt sich in Unterrichtsreihen zum Thema „Pflanzen" durchführen. Die Abhängigkeit und die Anpassung der Pflanzen an ihre Umwelt kann in zahlreichen Versuchen überprüft werden. Der Lehrer kann hier auch den Versuch mit den Schülern durchführen.

Lernziele / didaktische Hinweise:
In diesem Versuch lernen die Schüler die Lebensbedingungen von Pflanzen näher kennen. Pflanzen brauchen Licht, um Photosynthese betreiben zu können. Sie wachsen immer zum Licht, auch wenn sie in ihrem Weg gestört werden, wie man in diesem Versuch feststellen kann.

besondere Hinweise:
Der Lehrer sollte vorher einige Bohnen mit den Schülern gezogen haben und diese erst in den Schuhkarton setzen, wenn sie angefangen haben zu keimen, da es sonst zu lange dauert.

Beschreibung des Experiments:

1. Pflanzt die Bohnen in den Blumentopf ein und gießt sie. Stellt sie dann auf die Fensterbank. Sie müssen erst noch keimen.

2. Stellt den Schuhkarton hochkant, mit der offenen Seite zu euch gerichtet.

3. Schneidet jetzt in die rechte obere Seite des Schuhkartons ein rechteckiges Fenster. Es soll so groß sein, dass 1-2 cm Rand zur Schuhkartonseite bleiben, so wie ihr es in der Skizze seht.

4. Aus der Pappe schneidet ihr zwei Pappstreifen: sie müssen so breit sein, wie der Schuhkarton tief ist und etwas länger, als der Schuhkarton breit ist. (Es ist nicht so kompliziert, wie es sich anhört: schaut euch einfach die Skizze an.)

5. Jetzt schneidet ihr in beide Streifen ein etwa 5 x 5 cm großes Fenster in die eine Hälfte des Streifens.

6. Knickt die Pappstreifen an den Enden etwas um und klebt die Stücke dann mit Klebeband in den Karton, so dass er in drei Abschnitte unterteilt wird und die Fenster versetzt sind.

7. Wenn die Bohne anfängt zu keimen, also wenn sich die ersten grünen Spitzen zeigen, setzt ihr sie in den Schuhkarton.

8. Verschließt nun den Deckel und öffnet den Karton nur zum Gießen. Beobachtet in den nächsten 8 Tagen, wie die Pflanze wächst. Ihr könnt ein Beobachtungsprotokoll erstellen.

 Skizze des Versuchsaufbaus:

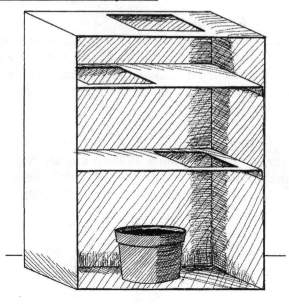

44 Die Kleintierforscher

geeignet für Klasse	Lehrer-/Schüler-Experiment (Gruppengröße)	Vorberei-tungszeit	Dauer des Experiments	Schwierig-keitsgrad
2-4	(4-5)	45 min	1-2 Wo	☺☺

Schlüsselwort:
Bodentiere, Lebensräume, Biotope, Natur

benötigtes Material:
Schulgarten (Beete, Wiesen, Bäume)
Hohlraumziegel
1 modernden Baumstamm
einige Jutesäcke
Laub
Plastikbehälter
2 Tonblumentöpfe
etwas Stroh
1 kleine Regentonne
1 kleiner Handbohrer

Einbindung in den Unterricht:
Dieser Versuch kann zum Themenkomplex „Natürliche und gestaltete Umwelt" sowie auch in einer Unterrichtsreihe zum Thema „Kleintiere" durchgeführt werden. Der Lehrer sollte die Schüler vor dem Versuch mit Kleintieren, die häufig in ihrer Lebenswirklichkeit vorkommenden, vertraut machen.

Lernziele / didaktische Hinweise:
Die Schüler lernen Kleintiere und deren Lebensraum besser kennen und stellen ihn nach. Sie erforschen die verschiedenen Lebensräume und untersuchen an welchen Plätzen und zu welchen Bedingungen sich welche Kleintiere aufhalten. Ein wichtiger Bestandteil des Experiments ist auch das selbstständige Entwickeln von eigenen Kleintierbiotopen.

besondere Hinweise:
Dieses Experiment kann man am besten im Sommer durchführen.

Beschreibung des Experiments:

Ihr könnt auf verschiedene Weisen Lebensräume für Kleintiere schaffen:

1. Feuchtet die Jutesäcke an und legt sie an einen schattigen Platz.
2. Legt den alten Baumstumpf auf das Beet.
3. Bohrt in den Plastikbehälter einige Luftlöcher und legt ihn mit der Öffnung nach unten auf die Wiese.
4. Stellt die Regentonne so auf, dass die Dachrinne in ihr endet und sich das Regenwasser in ihr sammeln kann. Wichtig ist, dass sie oben offen ist.
5. Stellt einen Blumentopf mit der Öffnung nach unten auf die Wiese. Stopft in den anderen etwas Stroh und hängt ihn an einem Baum auf.
6. Das Laub häuft ihr am besten in einer feuchten, schattigen Gartenecke auf.

Jetzt müsst ihr nur noch 1-2 Wochen Geduld haben und dann werdet ihr sicher viele Kleintiere an den verschiedenen Mikrobiotopen finden!

Notiert euch die Art und Anzahl der gefundenen Tiere und wo ihr sie entdeckt habt.

Ihr könnt auch weitere, vielleicht noch bessere, Lebensräume für Kleintiere entdecken und bauen.

 Skizze des Versuchsaufbaus:

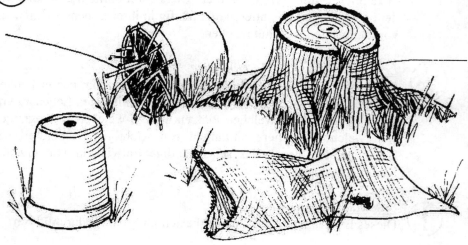

Tier	Fundort	Anzahl
Ameise		
Hundertfüßer		
Käfer		
Kellerassel		
Marienkäfer		
X Motte		
Nacktschnecke		
Ohrenkneifer		

Tiere	Fundort	Anzahl
Schnake		
Schnecke		
Spinne		
Tausendfüßler		
Regenwurm		
Raupe		
Fliege		

45 Wie wirkt Spülmittel auf Pflanzen?

geeignet für Klasse	Lehrer-/Schüler-Experiment (Gruppengröße)	Vorberei- tungszeit	Dauer des Experiments	Schwierig- keitsgrad
2 - 4	**(2)**	**15 min**	**8 Tage**	☺

Schlüsselwörter:
Ökologie, Umweltverschmutzung

benötigtes Material:
Spülmittel
Seife
Waschmittel
Weichspüler
5 Pflanzen einer Art (z.B. Kresse)
Wasser

Einbindung in den Unterricht:
Dieser Versuch kann in einer Unterrichtsreihe zum Thema „Ökologie" durchgeführt werden. Die Schüler sollten vor diesem Versuch schon mit den Lebensbedingungen von Pflanzen vertraut sein. Der Lehrer kann mit diesem Versuch auf die Gefahren von verschiedenen Waschmitteln für unsere Umwelt aufmerksam machen. Er kann auch auf die verschiedenen Inhaltsstoffe von Waschmitteln eingehen und mit den Schülern einige Bodenproben (pH-Wert) untersuchen.

Lernziele / didaktische Hinweise:
Die Schüler erkennen in diesem Experiment die Einwirkung von Waschmitteln auf Pflanzen. Je nach der Konzentration des Waschmittels im Boden sterben die Pflanzen schon nach wenigen Tagen ab. Das Umweltbewußtsein der Schüler sollte mit diesem Versuch gestärkt werden.

Beschreibung des Experiments:

1. Eine Pflanze ist eure Kontrollpflanze. Sie wird mit normalem Wasser gegossen.

2. Die anderen Pflanzen werden mit Wasser gegossen, in das ihr Waschmittel, Spülmittel, Weichspüler und Seife untergemischt habt.

3. Beschriftet die Pflanzen und gießt sie mehrere Tage immer mit diesen Zusätzen. Dabei müsst ihr darauf achten, dass ihr immer die gleiche Pflanze mit dem gleichen Zusatz gießt.

4. Beobachtet, was nach einigen Tagen passiert.

 Skizze des Versuchsaufbaus:

46 Die clevere Karotte

geeignet für Klasse	Lehrer-/Schüler-Experiment (Gruppengröße)	Vorberei-tungszeit	Dauer des Experiments	Schwierig-keitsgrad
1 - 4	(1)	5 min	8 Tage	☺

Schlüsselwörter:
Pflanze, Wurzel

benötigtes Material:
1 Karotte
1 Messer
1 Untertasse
Wasser

Einbindung in den Unterricht:
Dieses Experiment läßt sich in eine Unterrichtsreihe zum Thema „Pflanzen" einbinden. Der Lehrer sollte vor der Durchführung den Pflanzenaufbau und die Nährstoffversorgung der Pflanzen einführen.

Lernziele / didaktische Hinweise:
Am Beispiel der Möhre lernen die Schüler ein Gemüse kennen, von dem wir nur die Wurzel essen. Der Aufbau der Pflanze wird den Schülern deutlich und sie können erkennen, dass Pflanzen in ihren Wurzeln Nährstoffe speichern können. Möhren haben besonders große Wurzeln und sind so in der Lage, besonders viele Nährstoffe zu speichern.
Sie erkennen, dass die Karotte selbst die Wurzel der Pflanze ist, mit sie die Nährstoffe aufnimmt und an die Blätter weitergibt. Dadurch können neue Blätter wachsen.

Beschreibung des Experiments:

1. Schneide mit dem Messer die grünen Blätter und die Hälfte der Karotte ab.

2. Stelle das Karottenstück auf die Untertasse und fülle diese mit etwas Wasser.

3. Stelle nun die Karotte an einen warmen und hellen Platz und gib . ihr ab und zu etwas Wasser in die Untertasse.

4. Warte eine Woche und beobachte, was passiert.

 Skizze des Versuchsaufbaus:

47 Die Kraft der Bohnen

geeignet für Klasse	Lehrer-/Schüler-Experiment (Gruppengröße)	Vorberei-tungszeit	Dauer des Experiments	Schwierig-keitsgrad
1 - 4	(2)	20 min	5 Tage	☺

Schlüsselwort:
Bohnen, Keimen, Pflanzen

benötigtes Material:
Gips
Wasser
getrocknete Bohnen
1 dünner Plastikbecher
1 Messbecher

Einbindung in den Unterricht:
Dieser Versuch kann vom Lehrer zum Thema „Pflanzen" eingesetzt werden. Er kann den Schülern mit Hilfe dieses Versuches die Kraft von keimenden Pflanzen verdeutlichen. Die Sprengkraft quellender Körper wurde schon früh erkannt und genutzt, um Steine zu teilen.
Die Kraft von Pflanzen und ihren Wurzeln hat für uns allerdings häufig negative Auswirkungen. Der Lehrer kann hier zum Beispiel auf Straßenschäden, die durch Wurzeln entstanden sind, eingehen.

Lernziele / didaktische Hinweise:
Bei der Keimung der Bohnen entstehen sehr starke Kräfte. Die Bohne nimmt aus der feuchten Umgebung des Gipses Wasser auf und beginnt zu keimen. Aufgrund der Wasseraufnahme beginnt sie zunächst zu quellen und dehnt sich somit aus. Dieser Prozess kann auch durch den festen Gips nicht aufgehalten werden. Oft wird nicht nur der Gips, sondern auch der Plastikbecher gesprengt.
Die Schüler sollen die Gipsmischung selbst herstellen, da sie dann selber errechnen müssen wieviel sie vom Gips, beziehungsweise vom Wasser brauchen.

Beschreibung des Experiments:

1. Rührt zunächst einen zähflüssigen Gipsbrei an. Dabei müsst ihr zwei Teile Gips und einen Teil Wasser vermischen.
2. Füllt den Gipsbrei zusammen mit einigen Bohnen in den Plastikbecher.
3. Nun braucht ihr einige Tage Geduld, bis die Bohnen anfangen zu keimen. Feuchtet den Gips ab und zu mit Wasser an, damit es etwas schneller geht.

Skizze des Versuchsaufbaus:

B

48 Der Geruch von Ameisen

geeignet für Klasse	Lehrer-/Schüler-Experiment (Gruppengröße)	Vorberei-tungszeit	Dauer des Experiments	Schwierig-keitsgrad
1 - 4		5 min	15 min	☺

Schlüsselwort:
Ameisensäure, Bodentiere

benötigtes Material:
1 Taschentuch
Ameisenhaufen (Waldameisen)

Einbindung in den Unterricht:
Dieser Versuch kann in einer Unterrichtsreihe zum Thema „Ameisen" oder „Waldtiere" durchgeführt werden. Der Lehrer kann z.B. die verschiedenen Verteidigungsstrategien von Kleintieren, hier von Insekten, besprechen.
Er kann aber auch auf die medizinische Wirkung von Ameisensäure eingehen. Die Ameise kann stellvertretend für die Kleintiere im Wald behandelt werden.

Lernziele / didaktische Hinweise:
Die Schüler lernen in diesem Experiment die Möglichkeiten der Verteidigung von Ameisen näher kennen. Die Ameisen sehen das Taschentuch als Bedrohung und verteidigen sich, indem sie es mit Ameisensäure bespritzen. Auf dem Taschentuch ist die Ameisensäure sichtbar und der scharfe Geruch kann von den Schülern erkannt werden.
Wichtig ist auch, dass die Schüler erkennen, dass dieser Stoff für Kleinlebewesen tödlich sein kann. Für den Menschen wird es jedoch auch als ein Heilmittel für Rheumakranke aber auch als Desinfektions- und Konservierungsmittel genutzt.

besondere Hinweise:
Der Lehrer sollte die Schüler darauf aufmerksam machen, dass der Ameisenhaufen nicht beschädigt werden darf!

Beschreibung des Experiments:

1. Nehmen Sie ein Taschentuch und legen Sie es auf den Ameisen-haufen.

2. Warten Sie bis einige Ameisen auf dem Taschentuch sitzen.

3. Schütteln Sie nun die Ameisen von dem Taschentuch ab und lassen Sie die Schüler das Taschentuch dann genau untersuchen.

4. Sie sollen es gegen das Licht halten und daran riechen.

5. Die Schüler sollen ihre Beobachtungen mitteilen.

 Skizze des Versuchsaufbaus:

49 Dem Vitamin C auf der Spur

geeignet für Klasse	Lehrer-/Schüler-Experiment (Gruppengröße)	Vorberei-tungszeit	Dauer des Experiments	Schwierig-keitsgrad
3/4	(2)	5 min	25 min	☺☺

 Schlüsselwörter:
Vitamin C-Nachweis, Ernährung

 benötigtes Material:
Eisen(III)-chloridlösung
Obst- und Gemüsesäfte
(am besten eignen sich frische Säfte)

 Einbindung in den Unterricht:
Dieser Versuch kann in den Themenkomplex „Körper und Gesundheit" eingebunden werden. Die Einführung von gesunden Nahrungsmitteln wie Obst und Gemüse kann durch dieses Experiment unterstützt werden. Der Lehrer sollte bei diesem Thema auch auf die unterschiedliche Bedeutung und Wirkung von Vitaminen eingehen.
Zum Thema „Ernährung" ist dieses Experiment ebenfalls sinnvoll einsetzbar.

Lernziele / didaktische Hinweise:
Die Schüler lernen verschiedene Obst- und Gemüsesorten kennen und überprüfen selbst in welchen Vitamin C enthalten ist. Auch die Wirkung von Vitamin C kann der Lehrer anhand dieses Versuches erläutern. Ähnlich wie in dem vorliegenden Versuch ist eine wesentliche Funktion des Vitamin C sein Reduktionsvermögen. Vitamin C ist für uns lebensnotwendig und sollte in unserer Nahrung enthalten sein.

Beschreibung des Experiments:

1. Gebt etwa 10 ml Eisen(III)-chloridlösung in ein Glas. Sie weist eine bräunliche Färbung auf.

2. Füllt jetzt 4 ml Frucht- oder Gemüsesaft hinzu. Wenn sich die Lösung grün verfärbt habt ihr Vitamin C nachgewiesen.

3. Notiere deine Ergebnisse: in welchen Gemüse- und Obstsorten hast du Vitamin C nachweisen können?

Skizze des Versuchsaufbaus:

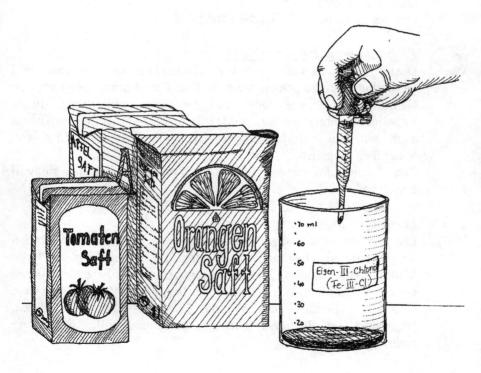

50 Der Luftfeuchtigkeitsmesser

geeignet für Klasse	Lehrer-/Schüler-Experiment (Gruppengröße)	Vorberei- tungszeit	Dauer des Experiments	Schwierig- keitsgrad
3/4	(1)	15 min	1 Wo	☺☺

Schlüsselwörter:
Feuchtigkeit, Tannenzapfen, Luftfeuchtigkeit

benötigtes Material:
1 Tannenzapfen
2 Stecknadeln

Einbindung in den Unterricht:
Dieses Experiment kann zum Thema „Pflanzen" mit dem Schwerpunkt „Nadelbäume" oder „Die Verbreitung der Samen bei
Pflanzen" durchgeführt werden. Der Lehrer sollte vor dem Versuch
die Bestandteile des Tannenzapfens erläutert haben.

Lernziele / didaktische Hinweise:
Die Schüler lernen hier am Beispiel eines Nadelbaums die
Verbreitung und den Schutz von Pflanzensamen kennen. Der
Tannenzapfen zieht sich bei Feuchtigkeit zusammen, um die Samen
zu schützen. Wenn die Sonne scheint und es warm und trocken ist
öffnen sich die Schuppen des Tannenzapfens. Der Wind kann nun
die Samen möglichst weit wegtragen. Auf diese Weise läßt sich der
Tannenzapfen auch als Luftfeuchtigkeitsmesser verwenden.

Beschreibung des Experiments:

1. Sammle im Wald einige Tannenzapfen.

2. Stecke in zwei gegenüberliegende Lamellen der Tannenzapfen zwei größere Nadeln.

3. Hänge einen Tannenzapfen auf dem Schulhof an einem regengeschützten Ort und einen anderen in der Klasse auf.

4. Hinter den Tannenzapfen hängst du eine Skala, wie du es auch auf der Skizze sehen kannst.

5. Was kannst du beobachten wenn sich die Lamellen öffnen?

Skizze des Versuchsaufbaus:

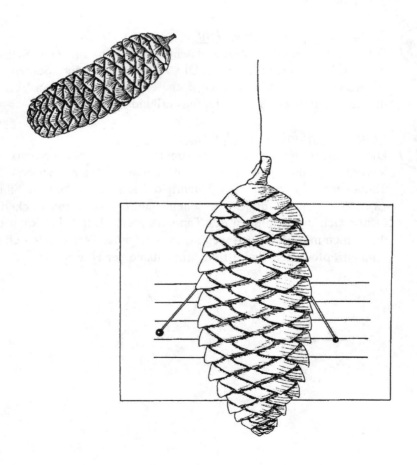

51 Kandierte Veilchen

geeignet für Klasse	Lehrer-/Schüler-Experiment (Gruppengröße)	Vorberei-tungszeit	Dauer des Experiments	Schwierig-keitsgrad
3/4	(3-4)	10 min	30 min	☺

Schlüsselwörter:
Lebensmittel, Pflanzen, kandieren, Veilchen, Ernährung

benötigtes Material:

1 Eiweiß	2 Tassen
Zucker	1 Teller
saubere Pinsel	
Veilchenblüten und –blätter	

Einbindung in den Unterricht:
Die Herstellung der kandierten Veilchen kann fächerübergreifend im Themenbereich „Pflanzen" eingesetzt werden. Die Schüler sollten zunächst mit den einzelnen Bestandteilen von Pflanzen vertraut sein. Auch sollte der Lehrer mit den Schülern über Giftpflanzen sprechen und sie darauf aufmerksam machen, wie gefährlich es sein kann, unbekannte Pflanzen zu essen.
Der Lehrer kann den Versuch auch in einer Unterrichtsreihe zum Thema „Kochen" verwenden. Die Schüler stellen hier eine dekorative Verzierung aus Pflanzen her.

Lernziele / didaktische Hinweise:
Der Versuch bietet den Schülern die Möglichkeit Pflanzen, in diesem Fall das Veilchen, auf eine neue Weise kennenzulernen. Bei vielen Pflanzen können auch die Blüten gegessen werden. Ein weiteres Beispiel wären hier die Gänseblümchen: die Schüler können ein Gänseblümchen-Brot oder Gänseblümchen-Salat zubereiten. Man kann auch Rosenblätter kandieren.

besondere Hinweise:
Der Lehrer sollte die Schüler ausdrücklich darauf hinweisen, dass dieses Verfahren nicht mit allen Pflanzen möglich ist. Es gibt viele bekannte Pflanzen, von denen die wenigsten Menschen wissen, dass sie giftig sind: z.B. die Maiglöckchen.

Beschreibung des Experiments:

1. Wascht die Veilchenblüten und –blätter und lasst sie anschließend trocknen.

2. Trennt das Eiweiß vom Eigelb in die beiden Tassen.

3. Pinselt nun die Blüten und Blätter von allen Seiten gut mit Eiweiß ein.

4. Schüttet den Zucker auf den Teller und wälzt die Veilchen darin, so dass sie ganz vom Zucker bedeckt sind.

5. Legt die kandierten Blüten und Blätter dann zum Trocknen auf den Tisch.

6. Ihr könnt sie so essen oder Eis und Torten damit verzieren.

 Skizze des Versuchsaufbaus:

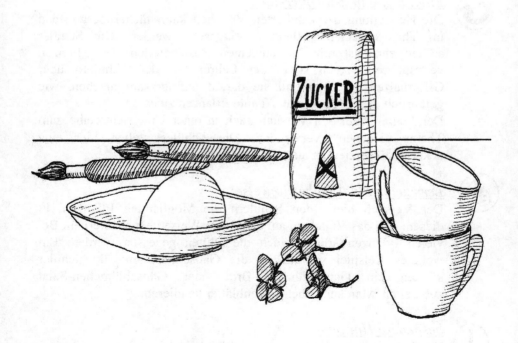

52 Wie stark sind Eier?

geeignet für Klasse	Lehrer-/Schüler-Experiment (Gruppengröße)	Vorberei-tungszeit	Dauer des Experiments	Schwierig-keitsgrad
2 - 4	(2-3)	10 min	30 min	☺☺☺

Schlüsselwörter:
Eier, Lebensmittel

benötigtes Material:
4 rohe Eier
1 kleine Schere (z.B. Nagelschere)
Tesakrepp
mehrere fast gleich große Bücher

Einbindung in den Unterricht:
Das Experiment kann besonders gut in einer Unterrichtsreihe zum Thema „Ei" eingesetzt werden. Der Lehrer hat die Möglichkeit anhand des Hühnereis die Entwicklung eines jungen Vogels zu erarbeiten, kann aber dieses Experiment auch als ein Beispiel nutzen, um den Schutz in der Tierwelt zu demonstrieren.
Im Anschluß können die Schüler weitere Versuche zum Ei durchführen (Experimente Nr. 53, 54, 58), um zu erfahren, woraus die Schale besteht, was die Schale angreift, welche Eigenschaften das Eiweiß hat und woraus es besteht.
Die besondere Form des Eis kann auch im Bereich „Technik" beim Schwerpunkt „Bauen und Konstruieren" thematisiert werden. Auch Architekten lernen von der Natur – sie verwenden z.B. eiförmig gewölbte Brücken und Mauern.

Lernziele / didaktische Hinweise:
Die Schüler sehen in diesem Versuch, welche Kraft auf ein Ei einwirken kann ohne dass es zerbricht. Das liegt an der spezifischen Form des Eis. Der Druck von außen wird gleichmäßig verteilt. Auch beim Brückenbau werden Bögen verwendet, da sie dem Druck sehr gut standhalten.
Für das Küken bedeutet dies, dass es im Ei gut geschützt wird gegen Einflüsse von außen. Andererseits kann es die Schale von innen leicht aufbrechen, was dem Küken das Schlüpfen erleichtert.

Beschreibung des Experiments:

Überlegt euch bevor ihr die Eier aufschlagt was ihr später mit den Eier machen wollt. Ihr könnt zum Beispiel anschließend für die Klasse Kuchen backen.

1. Schlagt die Eier so auf, dass die Schale in zwei verschieden große Teile zerbricht.

2. Klebt nun ein Stück Tesakrepp um jedes größere Stück Eierschale, damit die Eierschale beim Schneiden nicht bricht.

3. Schneidet nun die Eierschalen so zurecht, dass ihr vier Eierschalen mit glatten Rändern erhaltet. Die Eierschalen sollten ungefähr gleich groß sein und mit der offenen Seite auf dem Tisch aufliegen.

4. Legt sie so auf den Tisch, dass sie ein Rechteck bilden auf dem ihr dann vorsichtig die Bücher nach und nach aufstapelt.

5. Wie viele Bücher könnt ihr auf den vier Eierschalen stapeln ohne dass sie zerbrechen?

Skizze des Versuchsaufbaus:

53 Das Weiße im Ei

geeignet für Klasse	Lehrer-/Schüler-Experiment (Gruppengröße)		Vorberei-tungszeit	Dauer des Experiments	Schwierig-keitsgrad
3/4		(2-4)	10 min	10 min	☺☺☺

Schlüsselwörter:
Eiweiß, Proteine, Ausflockung, Denaturierung, Lebensmittel

benötigtes Material:
1 Ei
1 Reagenzglas oder sonstiges Glas
1 Topf
Wasser
Kochplatte

Einbindung in den Unterricht:
Dieser Versuch kann sowohl in einer Unterrichtsreihe zum Thema „Ernährung" als auch zum Thema „Ei" durchgeführt werden.
Die Schüler sollten vor diesem Versuch schon die Bedeutung der Begriffe Eiweiß und Protein kennen. Dieser Versuch sollte in Verbindung mit dem Versuch „Die Flocken im Ei" durchgeführt werden, damit die Schüler die Unterschiede vergleichen können: Wann ist die Umkehr möglich und warum verändert sich das Eiweiß?

Lernziele / didaktische Hinweise:
Eiklar besteht im Wesentlichen aus Wasser und Proteinen, die beim Erhitzen ihre Struktur ändern. Die Schüler stellen fest, dass sich das Eiweiß bei zunehmender Hitze verändert. Diesen Vorgang nennt man Denaturierung. Sie erkennen, dass Proteine durch Hitze unwiederbringlich aus ihrer Form gebracht werden.

besondere Hinweise:
Vorsicht ist im Umgang mit der heißen Herdplatte geboten. Die Schüler sollten nicht ohne Aufsicht mit der Herdplatte arbeiten.

1. Trennt das Eiklar von dem Eigelb und gebt es in ein Glas.
2. Jetzt wird das Eiklar in einem Wasserbad erhitzt.
3. Was könnt ihr beobachten?
4. Lasst das Ganze abkühlen und beobachtet, ob sich etwas verändert hat.

Skizze des Versuchsaufbaus:

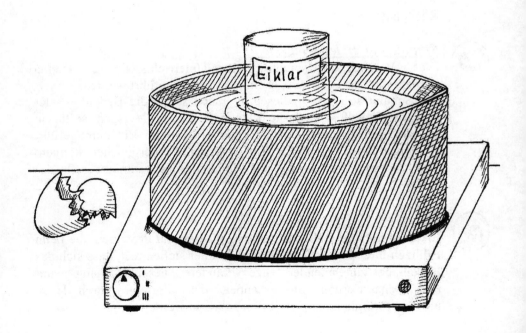

54 Die Flocken im Ei

geeignet für Klasse	Lehrer-/Schüler-Experiment (Gruppengröße)	Vorberei-tungszeit	Dauer des Experiments	Schwierig-keitsgrad
3/4	(2-4)	15 min	30 min	☺☺☺

Schlüsselwörter:
Eiweiß, Proteine, Ausflockung, Denaturierung; Lebensmittel

benötigtes Material:
3 Hühnereier   3 durchsichtige Gläser oder Becher
Kochsalz   Gefrierfach
Spiritus (hochprozentiger Alkohol)

Einbindung in den Unterricht:
Dieser Versuch kann in einer Unterrichtsreihe zum Thema „Ernährung" oder „Ei" durchgeführt werden. Die Schüler sollten vor diesem Versuch schon die Bedeutung der Begriffe Eiweiß und Protein kennen. Dieser Versuch kann in Verbindung mit dem Versuch „Das Weiße im Ei" gemacht werden, in dem es ebenfalls zu einer Ausflockung kommt, die allerdings nicht mehr rückgängig gemacht werden kann.
Der Sprachaspekt wird hier ebenfalls berücksichtigt, da die Schüler lernen sollen, ihre Ergebnisse protokollarisch festzuhalten und diese dann flüssig auszuformulieren

Lernziele / didaktische Hinweise:
Eiklar enthält Proteine, die von Wasser umgeben sind. Wenn der Lösung, wie in diesem Versuch Wasser entzogen wird, entstehen Flocken. Das Eiweiß fällt aus.
Durch die Zugabe von Spiritus oder Salz wird das Wasser gebunden. Beim Einfrieren kristallisiert das Wasser und steht somit auch nicht den Proteinen als Wasserhülle zur Verfügung.
Bei diesen Vorgängen bleibt jedoch die Struktur der Proteine erhalten und somit kann die Ausflockung durch Zugabe von Wasser wieder rückgängig gemacht werden.
Im Gegensatz zum Versuch Nr. 53 ist diese Denaturierung reversibel, also die Ausflockung ist umkehrbar.

Beschreibung des Experiments:

1. Schlagt die Eier auf und trennt sie in Eiklar und Eigelb. Verteilt das Eiklar auf die drei Gefäße.

2. In das erste Gefäß mit Eiklar gebt ihr etwas Spiritus und vermischt die Flüssigkeiten miteinander. Wie verändert sich das Gemisch?

3. Gebt nun etwa die doppelte Menge Wasser hinzu und rührt die Flüssigkeiten langsam um. Was könnt ihr beobachten?

4. In das zweite Glas gebt ihr etwas Salz und rührt kurz um. Was verändert sich?

5. Gebt nun auch hier die doppelte Menge Wasser hinzu und rührt langsam um. Findet eine Veränderung statt?

6. Das dritte Gefäß stellt ihr einfach eine Stunde ins Gefrierfach. Was könnt ihr danach beobachten?
   Taut das Eiklar dann langsam wieder auf. Was passiert?

7. Haltet eure Beobachtungen alle schriftlich fest und versucht zu erklären, woran es liegen könnte, dass sich bei diesem Experiment die Ausflockung rückgängig machen lässt.

Skizze des Versuchsaufbaus:

55 Trinken wie ein Schmetterling

geeignet für Klasse	Lehrer-/Schüler-Experiment (Gruppengröße)	Vorberei-tungszeit	Dauer des Experiments	Schwierig-keitsgrad
1/2	(1)	5 min	10 min	☺

 Schlüsselwörter:
Insekten, ökologische Nische

 benötigtes Material:
1 Glas Orangensaft
1 sehr langer Strohhalm (ca. 50 cm)
1 normal langer Strohhalm
Pappe
Schere
Klebstoff

 Einbindung in den Unterricht:
Der Lehrer kann diesen Versuch in den Themenschwerpunkt „Heimische Tier- und Pflanzenwelt" einbinden. Die Tiere aus der Lebenswirklichkeit der Schüler, wie Bienen und Schmetterlinge, sind ein wichtiger Bestandteil des Unterrichts. Der Themenbereich „Insekten" bietet dem Schüler eine Vielzahl interessanter Neuentdeckungen.
Hier gilt es zu differenzieren. Bei den Älteren kann der Begriff der ökologischen Nische eingeführt werden, womit verdeutlicht wird, dass sich die Tiere ihren unterschiedlichen Lebensräumen angepasst haben.

Lernziele / didaktische Hinweise:
Der Schüler kann mit diesem Versuch nachempfinden, wie eine Biene mit ihrem kurzen Rüssel im Gegensatz zu einem Schmetterling mit langem Rüssel nur aus flacheren Blüten Nektar sammeln kann. Der Schmetterling kann mit seinem langen Rüssel auch in langen und schmalen Blüten an den Nektar herankommen.
Die Schüler sollen erkennen, dass man nur bestimmte Insekten an bestimmten Pflanzen sehen kann, denn nicht alle Insekten sind in der Lage, aus allen Blüten Nektar zu sammeln.

Beschreibung des Experiments:

1. Fülle die beiden Gläser zu einem Drittel mit Saft.

2. Bastel dir dann zwei verschieden große Blütenhüllen in die du die Gläser setzt. Dabei musst du darauf achten, dass die Blütenhüllen etwas kleiner als die Strohhalme sind.

3. Versuch nun, mit dem kurzen Strohhalm aus den Gläsern zu trinken. Was stellst du fest?

4. Nimm dann den langen Strohhalm und versuche es erneut. Was erkennst du?

 Skizze des Versuchsaufbaus:

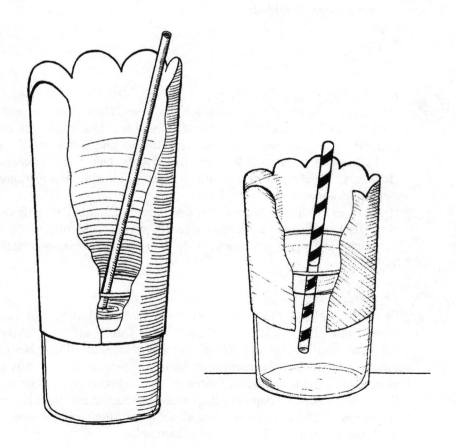

56 Die Tulpenblüte

geeignet für Klasse	Lehrer-/Schüler-Experiment (Gruppengröße)	Vorberei-tungszeit	Dauer des Experiments	Schwierig-keitsgrad
1 - 4	(1)	10 min	30 min	☺

Schlüsselwörter:
Tulpe, Blätter

benötigtes Material:
1 Tulpe
dünne Pappe oder Tonpapier
Stecknadeln
Streichhölzer
Aluminiumfolie
Styropor
Schere und Bastelmesser

Einbindung in den Unterricht:
Dieser Versuch kann schon in der ersten und zweiten Klasse zum Aufgabenschwerpunkt „Pflanzen und ihre Erscheinungsbilder" durchgeführt werden. Die Schüler sollten auch die anderen Pflanzenteile kennenlernen und verschiedene Blüten unterscheiden lernen.

Lernziele / didaktische Hinweise:
Die Schüler lernen exemplarisch an einer Tulpenblüte die Bestandteile (Kronblätter, Staubblätter, Stempel, Fruchtblätter) und ihre jeweilige Anzahl bei Pflanzenblüten kennen. Sie sollen die Unterschiede und Gemeinsamkeiten zu anderen Pflanzen heraus-finden. Die Tulpenblüte hat zum Beispiel keine Kelchblätter.

besondere Hinweise:
In der ersten und zweiten Klasse sollte der Lehrer die Styroporkreise ausschneiden.

Beschreibung des Experiments:

1. Schau dir die Tulpe von oben genau an. Zähle Staubblätter, Stempel, Fruchtblätter und Kronblätter und zeichne sie ab.
2. Schneide aus dem Styropor einen Kreis aus.
3. Die Stecknadeln werden als Staubblätter in das Styropor gesteckt.
4. Umwickle drei Streichhölzer mit Aluminiumfolie und benutze sie als Stempel.
5. Zeichne dir auf die Pappe den Umriß von 6 Kronblättern und schneide sie aus. Stecke sie ebenfalls in den Styroporkreis.
6. Jetzt hast du ein Modell von einer Tulpe. Vergleiche es mit dem Original.
7. Such dir weitere Pflanzen und stelle auch von ihnen Modelle her.

 Skizze des Versuchsaufbaus:

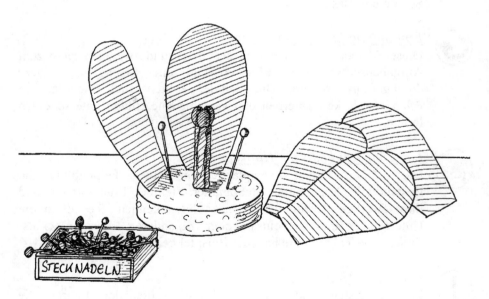

57 Das Mooswunder

geeignet für Klasse	Lehrer-/Schüler-Experiment (Gruppengröße)	Vorberei-tungszeit	Dauer des Experiments	Schwierig-keitsgrad
3/4	(2)	5 min	30 min	☺

Schlüsselwörter:
Moos, Wasseraufnahme, Pflanzen

benötigtes Material:
1 trockenes Moospolster
1 Meßbecher
1 Waage
Wasser
Eimer

Einbindung in den Unterricht:
Dieser Versuch kann z.B. in einer Unterrichtsreihe zum Thema „Pflanzen im Wald" durchgeführt werden. Die Schüler sollten vor diesem Versuch mit dem Aufbau von Pflanzen vertraut sein. Nach dem Versuch können in einem Stuhlkreis die Ergebnisse des Versuchs besprochen und die Bedeutung von Moosen diskutiert werden.
Um den Versuch durchführen zu können sind ebenfalls Kenntnisse über die Maßeinheiten ‚Gramm' und ‚Milligramm' von Bedeutung.

Lernziele / didaktische Hinweise:
Die Schüler erkennen, dass Moose in der Lage sind, das Vielfache ihres Eigengewichts an Flüssigkeit aufzunehmen. Sie fungieren sozusagen als Wasserspeicher für sich und ihre Umwelt. Auch dienen sie vielen Kleinlebewesen als Lebensraum und Vögeln als Nistmaterial.
Weiterhin sollen die Schüler mathematisieren, indem sie die Moose wiegen und vergleichen.

Beschreibung des Experiments:

1. Wie fühlt sich das Moospolster in eurer Hand an?

2. Legt das Moos vor euch auf den Tisch und drückt es mit der flachen Hand kurz zusammen. Was könnt ihr beobachten?

3. Legt das Moos nun auf die Waage und notiert sein Gewicht.

4. Nehmt den Eimer und füllt ihn mit Wasser. Legt nun euer Moos für 5 Minuten in den Wassereimer.

5. Legt das Moos dann wieder auf die Waage. Wieviel wiegt das feuchte Moos? Notiert auch jetzt das Gewicht. Wieviel Gramm Wasser hat das Moos aufgenommen?

6. Jetzt nehmt ihr den Meßbecher und drückt das Wasser aus dem Moos hinein. Wie viele Milliliter Wasser könnt ihr aus dem Moos wieder herausdrücken? Seid vorsichtig, dass ihr das Moos nicht zerquetscht.

Skizze des Versuchsaufbaus:

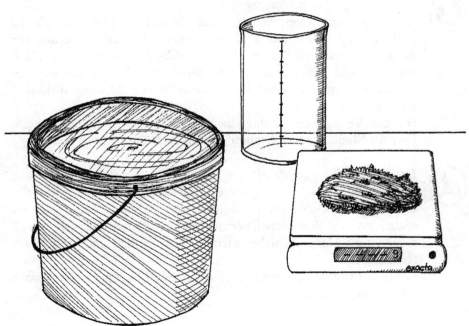

58 Wie schält man rohe Eier?

geeignet für Klasse	Lehrer-/Schüler-Experiment (Gruppengröße)	Vorberei-tungszeit	Dauer des Experiments	Schwierig-keitsgrad
3/4	(1)	5 min	1 Tag	☺☺

Schlüsselwörter:
Ei, Säure, Zähne, Lebensmittel

benötigtes Material:
1 Tasse
1 rohes Ei
Frischhaltefolie
Essig

Einbindung in den Unterricht:
Der Lehrer sollte vor dem Versuch den Begriff Säure kurz erklären und verschiedene Beispiele anführen. Der Versuch kann sowohl zum Thema „Ei" als auch zum Themenkomplex „Zähne" durch-geführt werden. Zu letzterem Thema ist es notwendig, dass der Lehrer nach dem Versuch den Zusammenhang zwischen der Essigsäure und den Nahrungsresten im Mund herstellt. Auch der Aufbau des Zahnes sollte im Vorfeld besprochen werden. In Verbindung hierzu kann der Versuch „Zahn um Zahn" durchgeführt werden.

Lernziele / didaktische Hinweise:
Dieser Versuch macht den Schülern deutlich, wie agressiv eine Säure sein kann. Die Essigsäure zersetzt den Kalk in der Eierschale. Das Ei ist nur noch von einer dünnen Hülle aus Proteinen umgeben. Als Nebenprodukt entsteht das Gas Kohlendioxid, das in Form von kleinen Bläschen zu erkennen ist.
Die Schüler erkennen, dass das gleiche mit den Zähnen passieren kann, wenn diese nicht gründlich gepflegt werden. Bakterien zersetzen Nahrungsreste zu Säure, die den den Zahnschmelz angreift. Dadurch wird der Zahn anfälliger für z.B. Kariesbakterien.

Beschreibung des Experiments:

1. Fülle die Tasse mit Essig und lege das Ei hinein. Das Ei sollte von dem Essig bedeckt sein.

2. Decke die Schüssel mit der Klarsichtfolie gut ab.

3. Stelle nun dein Experiment für einen Tag an einen ruhigen Ort.

4. Am nächsten Tag kannst du das Ei vorsichtig aus der Tasse nehmen. Halte das Ei unter fließendes Wasser und reibe vorsichtig die restliche Schale ab.

5. Wie fühlt sich das Ei an?

6. Halte das Ei ans Licht. Was kannst du sehen?

Skizze des Versuchsaufbaus:

59 So funktioniert ein Hoverkraft-Boot

geeignet für Klasse	Lehrer-/Schüler-Experiment (Gruppengröße)	Vorberei-tungszeit	Dauer des Experiments	Schwierig-keitsgrad
3/4	(2-3)	5 min	30 min	☺☺

 Schlüsselwörter:
Reibung, Gleiten, Hoverkraft

 benötigtes Material:
1 kleine Styroporschale (z.B. von einer Fleischverpackung)
1 Stricknadel oder ähnliches
1 Korken
Knetmasse
1 Bleistift
1 großer Luftballon
Klebstoff

 Einbindung in den Unterricht:
Man kann dieses Experiment sowohl im Themenkomplex "Materialien und Geräte" als auch im technischen Bereich unterbringen. Die Knetmasse können die Kinder auch selbst herstellen, siehe Versuch „Dein eigenes Knetgummi". Auch in der Behandlung des Themas „Reibung und Widerstand" kann dieses Experiment eingesetzt werden.

 Lernziele / didaktische Hinweise:
Da die Luft aus dem Ballon durch den Korken in die Schale entweicht, kann die Schale auf dem dadurch entstandenen Luftkissen über den Tisch gleiten.
Die Schüler sollen erkennen, dass sich durch das Luftkissen die Reibung verringert und sich die Styroporschale dadurch genau wie ein Hovercraftboot leichter fortbewegen kann.

besondere Hinweise:
Beim Durchstechen des Korkens mit der Stricknadel sollte der Lehrer Hilfestellung leisten.

Beschreibung des Experiments:

1. Zuerst bohrt ihr mit der Stricknadel ein Loch der Länge nach durch den Korken. Lasst euch dabei am besten von einem Erwachsenen helfen, damit ihr euch mit der Stricknadel nicht verletzt.

2. Dann bohrt ihr mit dem Bleistift in die Mitte der Styroporschale ein Loch.

3. Dreht die Styroporschale um, mit der Unterseite nach oben, und klebt den durchbohrten Korken auf das Loch in der Schale. Ihr müßt darauf achten, dass sich die Löcher genau übereinander befinden.

4. Nehmt danach die Knetmasse und dichtet den Korken so ab, dass keine Luft entweichen kann.

5. Am besten legt ihr die Styroporschale auf eine ebene, glatte Fläche, wie z.B. eine Tischplatte.

6. Danach blast ihr den Luftballon auf, haltet die Öffnung zu und stülpt ihn vorsichtig über den Korken.

7. Was passiert jetzt, wenn ihr der Schale einen leichten Stoß gebt?

Skizze des Versuchsaufbaus:

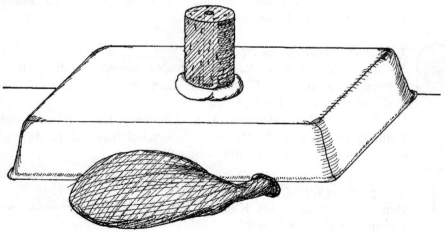

60 Mini-Hubschrauber

geeignet für Klasse	Lehrer-/Schüler-Experiment (Gruppengröße)	Vorberei-tungszeit	Dauer des Experiments	Schwierig-keitsgrad
2 - 4	(1)	30 min	5 min	☺☺

Schlüsselwörter:
Hubschrauber, Fliegen

benötigtes Material:
1 ca. 15 cm langes Vierkantholz,
   (schmal genug, so dass in die Garnrollenöffnung passt)
1 Pappbogen   1 Garnrolle
Schere   60 cm Schnur
Stifte   Lineal
Klebeband und Klebstoff

Einbindung in den Unterricht:
Dieses Experiment kann in einer Unterrichtsreihe zum Thema „Luft und Luftfahrzeuge" durchgeführt werden. Der Lehrer kann mit einer Einführung über verschiedene Luftfahrzeugtypen beginnen. Hier kann zum Beispiel der Unterschied zwischen einem Hubschrauber, einer großen Personenmaschine und einem Segelflugzeug von Bedeutung sein.

Lernziele / didaktische Hinweise:
Die Funktionsweise von Hubschraubern kann in diesem Versuch den Schülern deutlich gemacht werden. Denn wenn die Rotoren sich drehen, wird die Luft zum Boden gedrückt. So wird die Luft unter den Rotoren zusammengedrückt und diese zusammengepresste Luft hebt den Hubschrauber dann in die Höhe.
Der Hubschrauber hat zwei Rotoren. Der Hauptrotor sitzt auf dem Dach und durch seine Bewegung kann der Hubschrauber aufsteigen, auf einer Stufe stehen bleiben und auch wieder landen. Der andere Rotor ist für die Lenkung zuständig. Durch ihn kann der Pilot die Richtung bestimmen, in die er fliegen möchte.

Beschreibung des Experiments:

1. Lege die Schablone des Hubschrauberpropellers auf deinen Pappbogen und zeichne sie nach. Schneide nun die Form aus. Das Loch in der Mitte der Schablone muss etwas größer sein als der Durchmesser des Vierkantholzes.

2. Knicke die Kanten entlang der gestrichelten Linie immer versetzt nach oben und nach unten (siehe Abb. 3).

3. Schiebe den Stock dann durch das Loch, so dass er etwa 1 cm übersteht.

4. Wickele nun unterhalb des Propellers soviel Klebeband um das Vierkantholz, dass der Propeller nicht herunterrutschen kann. Schau dir dazu die Abbildung 1 in der Versuchsskizze an.

5. Lege einen schmalen Streifen Papier auf das überstehende Stück Vierkantholz (siehe Abb. 1) und überklebe diesen Papierstreifen mit Klebeband. Du musst darauf achten, dass das Holz nicht festklebt

6. Zum Schluss klebst du ein Schnurende am Vierkantholz mit Klebeband fest und wickelst die Schnur um das Holz, so wie du es in der Abbildung. 2 in der Versuchsskizze erkennen kannst. Stell das Ganze dann in die Garnöffnung.

7. Jetzt kann es losgehen! Ziehe kräftig an der Schnur und beobachte, was passiert.

Skizze des Versuchsaufbaus:

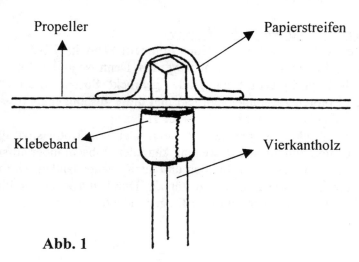

Abb. 1

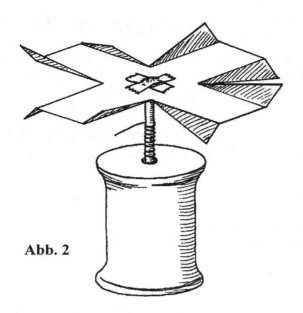

Abb. 2

Schablone des Hubschrauberpropellers:

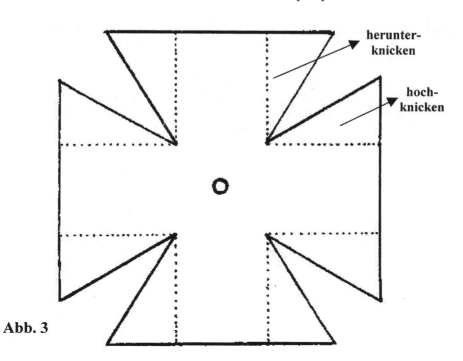

herunter-
knicken

hoch-
knicken

Abb. 3

61 Die schrumpfende Flasche

geeignet für Klasse	Lehrer-/Schüler-Experiment (Gruppengröße)	Vorberei-tungszeit	Dauer des Experiments	Schwierig-keitsgrad
2 - 4	(2)	5 min	10 min	☺

Schlüsselwort:
Luftdruck

benötigtes Material:
Plastikflasche mit Schraubverschluß
heißes Wasser

Einbindung in den Unterricht:
Dieser Versuch kann in Verbindung mit Versuchen zum Thema „Luft" durchgeführt werden. Der Lehrer kann vor diesem Experiment den Schülern die Ausdehnung von warmer Luft anhand verschiedener Beispiele erklären.

Lernziele / didaktische Hinweise:
Der Luftdruck ist für viele Schüler eine Kraft, die nur schwer zu verstehen ist. In diesem Versuch wird sie sichtbar, da die zunächst heiße Luft in der Flasche einen größeren Raum in Anspruch nimmt als die abgekühlte. Warme Luft dehnt sich aus, die kalte Luft zieht sich zusammen, dadurch nimmt der Druck in der Flasche ab, es entsteht ein Unterdruck. Die Flasche wird dann vom größeren Außendruck zusammengepresst.

Beschreibung des Experiments:

1. Füllt die Flasche etwa 3 cm hoch mit heißem Wasser. Ihr könnt heißes Wasser aus der Wasserleitung nehmen oder Wasser in einem Topf erhitzen. Passt auf, dass ihr euch nicht verbrennt.

2. Verschließt die Flasche danach sofort mit dem Schraubverschluss und dreht ihn fest zu.

3. Lasst die Flasche dann einige Minuten stehen.

4. Was passiert mit der Flasche? Überlegt, warum das so ist.

Skizze des Versuchsaufbaus:

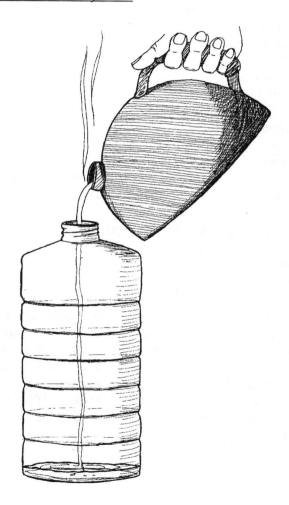

62 Die Wolke im Glas

geeignet für Klasse	Lehrer-/Schüler-Experiment (Gruppengröße)	Vorberei-tungszeit	Dauer des Experiments	Schwierig-keitsgrad
2 - 4	(2-3)	5 min	10 min	☺☺

Schlüsselwörter:
Wetter, Wasser, Druck

benötigtes Material:
1 Plastikflasche
etwas Knetmasse
1 Strohhalm
Streichhölzer
Wasser

Einbindung in den Unterricht:
Dieser Versuch eignet sich für die Anwendung in einem fächerübergreifenden Projekt zum Themenbereich „Wetter und Klima". In den ersten beiden Bänden dieses Buches sind zahlreiche Versuche zu diesem Thema zu finden.

Lernziele / didaktische Hinweise:

Den Schülern wird an diesem Experiment die Entstehung einer Wolke deutlich gemacht.
Sie sollen lernen, dass der Druck und die Temperatur in der Flasche zunehmen, da durch das Hineinblasen mehr Moleküle in die Flasche „gestopft" werden. Dadurch verdampfen die Wassertropfen zu Wasserdampf, der sich dann an die in der Flasche befindenden Rauchpartikelchen bindet. Wenn man aufhört zu blasen, nimmt sowohl der Druck als auch die Temperatur wieder ab. Dadurch kondensiert der Wasserdampf und löst sich von den Rauchpartikeln, diese erscheinen dann wieder sichtbar in der Flasche.
Die Schüler sollen erfahren, dass dasselbe Phänomen auch in unserer Atmosphäre stattfindet.

Beschreibung des Experiments:

1. Spült die Flasche mit Wasser aus. Die innere Flaschenwand soll feucht sein.

2. Nehmt etwas Knetgummi und drückt es ca. 2 cm dick um den Strohhalm. Damit sollt ihr gleich die Flasche verschließen.

3. Zündet vorsichtig ein Streichholz an, lasst es kurz brennen, pustet es dann aus und haltet es dann so an die Flasche, daß der entstehende Rauch in die Flasche zieht. Ihr könnt das Streichholz dann in die Flasche fallen lassen.

4. Verschließt die Öffnung nun schnell mit eurem Knetgummi-Strohhalm-Stöpsel.

5. Holt dann tief Luft und blast so lange wie möglich in die Flasche.

6. Beobachtet was passiert, wenn ihr aufhört zu pusten. Versucht zu erklären warum dies geschieht.

Skizze des Versuchsaufbaus:

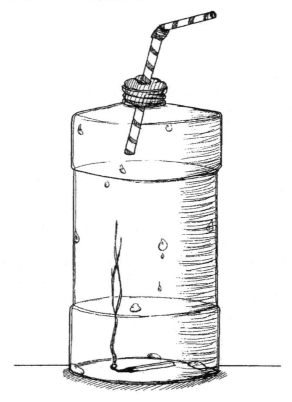

63 Wäscheschleuder mit eigener Kraft

geeignet für Klasse	Lehrer-/Schüler-Experiment (Gruppengröße)	Vorberei-tungszeit	Dauer des Experiments	Schwierig-keitsgrad
1 - 4	(2)	2 min	10 min	☺☺

Schlüsselwörter:
Zentrifugalkraft, Fliehkraft, Waschmaschine

benötigtes Material:
großer, durchsichtiger Plastikbeutel
45 cm Schnur
1 T-Shirt
1 kleines, leeres Netz (z. B. für Obst oder Kartoffeln)
Plastikschüssel mit Wasser
Schere

Einbindung in den Unterricht:
Dieses Experiment zeigt mit einfachen Mitteln die Arbeitsweise einer Wäscheschleuder. Es könnte also in einer Unterrichtsreihe über „Haushaltsgeräte und ihre Funktionen" durchgeführt werden. Auch in eine Unterrichtsreihe zum Thema „Früher und Heute" ließe sich diese Experiment einbinden.

Lernziele / didaktische Hinweise:
Die Schüler sehen hier sehr deutlich, was durch das schnelle Drehen der Waschmaschinentrommel geschieht. Sie drehen den Beutel mit der Wäsche so schnell, dass das Wasser aus der Kleidung geschleudert wird. Durch die Maschen des Netzes, welches analog zu dem Löchersieb der Waschmaschine steht, wird das Wasser in der Plastiktüte gesammelt.
In den Klassen 3/4 kann der Lehrer den Begriff der Zenrtifugalkraft einführen, in den Klassen 1/2 kann er sich darauf beschränken, zu verdeutlichen, warum die Wäsche in der Schleuder trocken wird.

Beschreibung des Experiments:

1. Fülle die Schüssel mit Wasser und gebe das T-Shirt hinein.

2. Lass es nun kurz abtropfen und lege es in das Netz.

3. Dieses hältst du in die Plastiktüte, so dass du, wenn du die Öffnung der Plastiktüte zubindest, das Netz mit festbindest. Das Netz sollte kleiner sein als die Plastiktüte.

4. Fasse nun das Ende der Schnur an und drehe das Ganze schnell mit dem Arm.

5. Zum Schluss füllst du das Wasser, dass sich in der Tüte gesammelt hat in ein Glas. Soviel hast du aus dem T-Shirt herausgeschleudert.

 Skizze des Versuchsaufbaus:

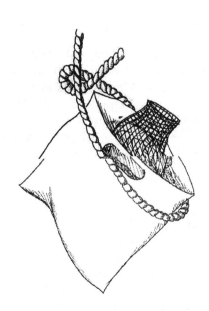 

64 Woraus besteht ein Gewebe?

geeignet für Klasse	Lehrer-/Schüler-Experiment (Gruppengröße)	Vorberei-tungszeit	Dauer des Experiments	Schwierig-keitsgrad
3/4	(2)	15 min	30min	☺☺

Schlüsselwort:
Zellen, Gewebe

benötigtes Material:
mehrere Kronenkorken
mehrere Streichholzschachteln
Erbsen und Bohnen
Klebstoff
Pappe oder Tonpapier

Einbindung in den Unterricht:
In diesem Versuch geht es um die Herstellung von einfachen Modellen verschiedener Gewebe. Dieser Versuch eignet sich also sowohl in einer Unterrichtsreihe zum Thema „Mensch", als auch zur Anwendung in dem Thema „Pflanzen". Das Modell dient der Veranschaulichung von Gewebe, also von Zellverbänden.
Außerdem sollen die Schüler an eigenständiges Arbeiten herangeführt werden, indem sie selbst unbekannte Begriffe mit Hilfe von Lexika und weiteren Medien klären.

Lernziele / didaktische Hinweise:
Gewebe bestehen aus vielen gleichartigen Zellen und sind Zellverbände mit verschiedenen Funktionen. Bei diesem Versuch gibt es unterschiedliche Möglichkeiten Zell- und Gewebemodelle zu entwickeln. Die hier vorgestellten Möglichkeiten sollen nur ein Vorschlag sein.
Die Schüler sollen auch die Unterschiede zwischen menschlichen und pflanzlichen Zellen erfahren und überlegen mit welchen Mitteln man diese darstellen kann.
Außerdem sollen sich die Schüler selber Informationen beschaffen und klären, was genau Zellkerne und Zellwände sind. So lernen sie den Umgang mit Medien.

Beschreibung des Experiments:

1. Klärt zuerst alle euch unbekannten Begriffe zu diesem Thema. Schaut in Lexika und anderer Literatur nach.

2. Nehmt die Streichholzschachteln, klebt sie aneinander und klebt dann in jede Schachtel eine Bohne als Zellkern.

3. Jetzt könnt ihr ein anderes Gewebemodell herstellen, indem ihr die Kronenkorken auf die Pappe klebst. Die Erbsen dienen hier als Zellkerne und werden in die Kronenkorken geklebt.

4. Versucht mit anderen Materialien aus dem Alltag auch ähnliche Gewebe- und Zellmodelle herzustellen.

Skizze des Versuchsaufbaus:

65 Was Druck so alles kann!

geeignet für Klasse	Lehrer-/Schüler-Experiment (Gruppengröße)	Vorberei-tungszeit	Dauer des Experiments	Schwierig-keitsgrad
3/4	(2-4)	15 min	10 min	☺☺☺

Schlüsselwörter:
Druck, Wasser

benötigtes Material:
2 Marmeladengläser mit Deckel
1 langer und 1 kurzer Strohhalm
Knetgummi
Klebstoff
Handbohrer
Wasser
1 Eimer
1 Tisch oder Stuhl

Einbindung in den Unterricht:
Dieser Versuch kann in unterschiedlichen Unterrichtsreihen eingesetzt werden, in denen das Prinzip des Drucks und Unterdrucks der Erschließung eines Sachverhaltes dient.

Lernziele / didaktische Hinweise:
In diesem Versuch soll den Schülern das Prinzip von Druck und Unterdruck deutlich werden. Das Wasser in dem oberen Marmeladenglas fließt durch den Strohhalm in den Eimer. In diesem Glas entsteht also ein Unterdruck. Das Wasser aus dem unteren Glas wird angesogen und sprudelt in das obere Marmeladenglas.

besondere Hinweise:
Der Lehrer sollte beim Löcherbohren behilflich sein. Auch beim Versuchsaufbau an sich können die Schüler Hilfe gebrauchen.

Beschreibung des Experiments:

1. Schaut euch zuerst die Skizze an, damit ihr die Versuchs-anleitungen besser versteht.

2. Bohrt zwei Löcher in den Deckel des Marmeladenglases, diese sollten etwa 2 cm vom Deckelrand entfernt sein und sich gegenüber liegen. Die Löcher müssen in etwa so groß wie die Strohhalme sein.

3. In den zweiten Deckel bohrt ihr nur ein Loch seitlich am Rand.

4. Füllt die Marmeladengläser mit Wasser: eins sollte halbvoll, das zweite etwa ¾ voll sein.

5. Nun müsst ihr die Deckel bearbeiten: nehmt den Deckel mit den zwei Löchern und schiebt die Strohhalme hindurch.

6. Dichtet sie von beiden Seiten des Deckels mit weichem Knetgummi ab, damit das Wasser nicht herausfließen kann. Eventuell könnt ihr das Knetgummi mit Klebstoff festkleben.

7. Stellt jetzt das ¾ volle Glas an die Tischkante und schraubt den einlöchrigen Deckel darauf. Schraubt den Deckel mit den Strohhalmen auf das halbvolle Glas. Stellt den Eimer unter den Tisch, so dass er unter den Gläsern steht.

8. Jetzt dreht ihr das Glas mit den 2 Löchern im Deckel schnell um und steckt den kürzeren Strohhalm durch das Loch in den anderen Deckel. Haltet während des Drehens am besten die Strohhalme zu. Der längere Strohhalm führt zum Eimer.

9. Beobachtet nun wie das Wasser fließt. Versucht eure Beobachtung zu erklären.

 Skizze des Versuchsaufbaus:

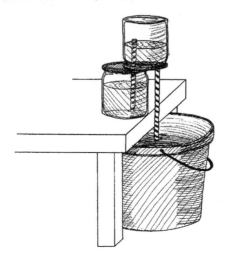

66 Die Dosenlupe

geeignet für Klasse	Lehrer-/Schüler-Experiment (Gruppengröße)	Vorberei-tungszeit	Dauer des Experiments	Schwierig-keitsgrad
2 - 4	(2)	10 min	30 min	☺☺

Schlüsselwörter:
Gewässeruntersuchung, Geräte, Lupe, Linsen

benötigtes Material:
1 leere Konservendose
1 Büchsenöffner
Klarsichtfolie
Klebeband

Einbindung in den Unterricht:
Der Lehrer sollte die Dosenlupe in ein Projekt einbeziehen, in dem das Wasser an einem Bach oder See untersucht wird. Die Lupe eignet sich zum Beispiel zur Untersuchung von kleinen Wassertieren. Der Lehrer sollte den Schülern helfen, dass sie eine Lupe bauen, die eine bestmögliche Vergrößerung erzielt.

Lernziele / didaktische Hinweise:
Die Schüler lernen bei diesem Versuch aus einfachen Alltags-materialien ein Gerät zur näheren Untersuchung von Wasser herzustellen.
Anhand der Dosenlupe kann der Lehrer den Schülern die Funktionsweise einer Linse deutlich machen.

Beschreibung des Experiments:

1. Entfernt mit dem Büchsenöffner den Deckel und den Boden der Dose, so dass ihr eine Röhre erhaltet. Passt auf, dass ihr euch nicht am Dosenrand schneidet!

2. Nehmt nun ein Stück Folie und legt es über die Dosenöffnungen.

3. Befestigt die Folie mit dem Klebeband und fertig ist die Dosenlupe.

4. Jetzt könnt ihr die Lupe für Wasserbeobachtungen in einem durchsichtigen Gefäß oder einem möglichst klaren Gewässer benutzen.

 Skizze des Versuchsaufbaus:

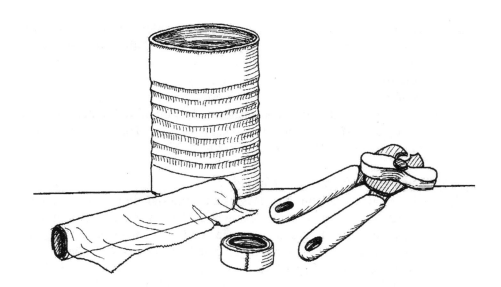

67 Der Zaubercocktail

geeignet für Klasse	Lehrer-/Schüler-Experiment (Gruppengröße)	Vorberei-tungszeit	Dauer des Experiments	Schwierig-keitsgrad
2 - 4	(2)	5 min	10 min	☺

Schlüsselwort:
Dichte, Ernährung, Lebensmittel

benötigtes Material:
Limonade
Fruchtsirup (z.B. Himbeersirup)
3 Esslöffel flüssige Sahne mit etwas Lebensmittelfarbe

Wasser, Orangensaft, Salatöl, Milch, Zuckerrübensirup, Ahorn

Einbindung in den Unterricht:
Dieses Experiment kann im Themenkomplex „Stoffe und ihre Eigenschaften" eingesetzt werden. In diesem Fall wird die Dichte von Flüssigkeiten untersucht. Zu diesem Thema ist die Durchführung des Versuch „Springbrunnen in der Flasche" empfehlenswert. Im Rahmen dieses Themenkomplexes können Stoffe auch auf die Eigenschaften als Leiter/Nichtleiter oder in Bezug auf Magnetismus untersucht werden. Hierzu bieten sich folgende weitere Versuche an: Nr.20-22, 27, 28.

Lernziele / didaktische Hinweise:
Die Schüler erkennen, dass sich Flüssigkeiten nicht immer vermischen. Manche Flüssigkeiten schwimmen auf anderen und lassen sich, auch wenn man sie schüttelt, nicht mischen. Sie erfahren, dass Flüssigkeiten unterschiedlich schwer sein können. So lernen sie den Begriff der „Dichte" kennen und verstehen. Flüssigkeiten mit einer geringen Dichte schwimmen auf Flüssigkeiten mit höherer Dichte.
Mit Hilfe des Beispiels von 1 kg Federn und 1 kg Blei kann man den Schülern die Bedeutung des Begriffs Dichte verdeutlichen.
In diesem Versuch sinkt der Sirup auf den Glasboden, da er schwerer und damit dichter ist als die Limonade. Die Sahne hingegen bleibt schwimmend auf der Oberfläche, da sie leichter ist.

Beschreibung des Experiments:

1. Füllt ein großes Glas bis zur Hälfte voll mit Limonade.
2. Gießt nun so viel Sirup in das Glas, bis der Boden bedeckt ist.
3. Färbt nun die Sahne mit etwas Lebensmittelfarbe an und gebt diese zum Schluß mit einem Löffel vorsichtig auf das Getränk.
4. Beobachtet jetzt, wie das Getränk aussieht. Welche Flüssigkeit schwimmt auf welcher?
   Diesen Zaubercocktail könnt ihr auch trinken.
5. Nehmt nun die anderen Flüssigkeiten und findet heraus, welche eine höhere/geringere Dichte haben als Wasser.
6. Schreibt eure Beobachtungen auf.
7. Mischt die verschiedenen Flüssigkeiten miteinander und haltet schriftlich fest, welche Flüssigkeiten sich miteinander mischen und welche nicht.
8. Versucht zu erklären, warum dies geschieht.

Skizze des Versuchsaufbaus:

68 Europa

geeignet für Klasse	Lehrer-/Schüler-Experiment (Gruppengröße)	Vorberei-tungszeit	Dauer des Experiments	Schwierig-keitsgrad
3/4	(3-5)	10 min	2 Tage	☺

 Schlüsselwörter:
Geographie, Informationsbeschaffung

 benötigtes Material:
Europakarte
verschiedene Lexika
Reiseunterlagen, Broschüren, Urlaubsfotos,
Souvenirs, Postkarten, o.ä.

 Einbindung in den Unterricht:
Diese Studie lässt sich sowohl dem Thema „Natürliche und gestaltete Umwelt" als auch einer Unterrichtsreihe des Thema „Europa" zuordnen.

Lernziele / didaktische Hinweise:
Die Schüler sollen Europa und damit die anderen Länder kennenlernen und gleichzeitig für andere Kulturen sensibilisiert werden. Das Toleranzverhalten soll durch diese Studie gefördert werden.
Außerdem sollen die Schüler lernen mit den verschiedenen Medien, wie Lexika, Internet usw. selbstständig umzugehen um die gewünschten Informationen zu erhalten.

Beschreibung des Experiments:

1. Diskutiert zuerst mit der ganzen Klasse, welche Länder zu Europa gehören.

2. Was wisst ihr über die verschiedenen Länder, in welchen ward ihr schon einmal im Urlaub, was ist typisch für welche Länder? Vielleicht habt ihr ausländische Mitschüler, die euch etwas über ihr Heimatland erzählen können.

3. Teilt die verschiedenen Länder unter euch auf. Jede Gruppe beschäftigt sich mit einem bestimmten Land. Findet heraus: - wie groß es ist,
   - wie viele Menschen dort leben,
   - bekommen wir etwas aus diesem Land: Früchte
   - wie ist das Wetter dort im Vergleich zu Deutschland

4. Mit Hilfe der Lexika, Broschüren usw. könnt ihr viel herausfinden. Ihr könnt auch Verwandte und Bekannte nach ihren Eindrücken fragen

 Skizze des Versuchsaufbaus:

69 Unser Miniklassenraum

geeignet für Klasse	Lehrer-/Schüler-Experiment (Gruppengröße)	Vorberei-tungszeit	Dauer des Experiments	Schwierig-keitsgrad
3/4	(2-3)	10 min	45 min	☺☺

Schlüsselwörter:
Karten lesen, Maßstab, Orientierung

benötigtes Material:
Lineal
Bleistifte
Verschieden kariertes Papier (0,5cm-, 1cm-, 2cm-Quadratgrößen)
Metermaß
evtl. Taschenrechner
verschiedene Landkarten

Einbindung in den Unterricht:
Das Themengebiet „Materialien und Geräte" lässt sich in diesem Fall gut in den Mathematikunterricht integrieren. Die Schüler erkennen, dass mathematische Kenntnisse für die Herstellung von Karten unersetzlich ist. Die Mathematik wird hier in der Lebenswirklichkeit des Schülers eingesetzt. Der Lehrer kann hier gut differenzieren und den leistungstärkeren Schülern z.B. auftragen mit schwereren Maßstäben zu arbeiten.
Fächerübergreifend können die Schüler dann im Kunst-/ bzw. Werkunterricht das Klassen- oder ihr eigenes Zimmer nachbauen. Gleichzeitig können im Deutschunterricht die gebauten Modelle beschrieben werden.

Lernziele / didaktische Hinweise:
Indem die Schüler selbst eine Karte ihres Klassenraumes anfertigen, lernen sie die Erstellung und Funktion von Karten kennen. Sie sollen verstehen, dass Karten eine „verkleinerte Wirklichkeit" sind. Karten dienen der Orientierung.
So wie die Schüler die Karte ihres Klassenzimmers angefertigt haben, verfahren die Landvermesser auch bei der Herstellung von Stadt- und Landkarten (natürlich mit moderneren Hilfsmitteln).

Beschreibung des Experiments:

1. Messt zuerst die Größe eures Klassenraumes mit Hilfe des Messstabs aus, d.h. wie lang und wie breit das Zimmer ist.

2. Zeichnet danach den Umriss eures Klassenzimmers verkleinert nach, indem ihr für 1 m in Wirklichkeit 1 cm auf dem Papier zeichnet: das wäre der Maßstab 1:100 (also: 1 cm auf dem Papier entsprechen 100 cm in der Wirklichkeit)
Ihr könnt euch auch einen anderen Maßstab aussuchen, z.B. 2cm entsprechen 1 m (Maßstab 1:50) oder 0,5 cm entsprechen 1 m (Maßstab 1:200) in der Wirklichkeit.

3. Danach messt ihr die Möbel aus und zeichnet sie maßstabsgetreu in eure Klassenzimmerskizze. Ihr könnt auch euer eigenes Zimmer maßstabsgetreu nachbauen.

4. Schaut euch die Landkarten an und berechnet wieviel 1 cm auf der Karte der Wirklichkeit entsprechen.

Skizze des Versuchsaufbaus:

70 Wir bauen eine Brücke

geeignet für Klasse	Lehrer-/Schüler-Experiment (Gruppengröße)		Vorberei-tungszeit	Dauer des Experiments	Schwierig-keitsgrad
3/4		(3/4)	10 min	5 min	☺☺

Schlüsselwörter:
Architektur, Brücken

benötigtes Material:
1 Holzleiste: ca. 10 x 40 x 2 cm groß
2 Holzklötze: ca. 10 x 5 x 4 cm groß
2 Peddigrohre: ca. 60 cm lang, 0,8 cm Durchmesser
feste Pappe   1 Kneuel Kordel
4 (- 6) Nägel   Holzleim
1 Bohrer   1 Schere
1 Lineal   1 Hammer
1 Handbohrer   Stofftücher
Wasser   einige Gegenstände oder Gewichte

Einbindung in den Unterricht:
Ein Bereich, der sich hier besonders eignet ist der Umgang mit „Materialien und Geräten". Auch „Holz als Baustoff" und „Konstruktionsprinzipien" können Themen sein, in die man diesen Versuch integrieren kann. Die Schüler sollen den Aufbau von Brücken untersuchen.

Lernziele / didaktische Hinweise:
Die Kinder lernen das Prinzip des Brückenbauens kennen. Sie sollen eigenständig herausarbeiten, welche weiteren Brückenformen es gibt. Im Vorfeld sollten in diesem Fall die verschiedenen Brückentypen besprochen werden (Bogen-, Hänge-, Steinbrücken usw.). So können die Schüler experimentell herausfinden, welche Brückenform die Stabilste ist, bzw. welche die größte Last tragen kann.
Gegebenenfalls kann man dieses Experiment erweitern, indem man den Kindern im Anschluss verschiedene Materialien zur Verfügung stellt und die Schüler selbstständig weitere Brückenformen konstruieren. Hier ist die Kreativität der Schüler gefragt.

besondere Hinweise:
Der Lehrer sollte die Löcher in die Holzklötze schon vorgebohrt haben.

Beschreibung des Experiments:

1. Macht zuerst die Stofftücher ganz nass und wickelt die beiden Peddigrohre ganz darin ein. Laßt sie so mindestens 15 Minuten stehen.

2. Nehmt die beiden Holzklötze und klebt eins an jedem Ende der Holzleiste fest.

3. Lasst euch von einem Erwachsenen in jeden Holzklotz zwei Löcher bohren in die ihr dann nachher die Peddigrohre steckt (siehe Skizze).

4. Schneidet aus dem Pappbogen ein 10 x 30 cm großes Stück aus.

5. Legt es über die beiden Holzklötze, schneidet eine Lücke für die gebohrten Löcher aus.

6. Nagelt die Enden der Pappe auf den Holzklötzen fest.

7. Mittlerweile dürfte das Peddigrohr biegsam geworden sein. Füllt etwas Holzleim in die Löcher und biegt das Rohr dann so, dass die Enden in die Löcher gesteckt werden können.

8. Stellt fest wieviel Gewicht die Brücke aushält, indem ihr verschiedene Objekte auf die Brücke setzt.

9. Bohrt nun mit dem Handbohrer Löcher in die Längsseiten der Pappe: ca. 1 cm vom Rand entfernt und in einem Abstand von 3-4 cm.

10. Schneidet ca. 30 cm lange Stücke Kordel ab

11. Führt die Kordel durch das Loch, knotet das eine Ende um die Pappe und das andere Ende verknotet ihr oben am Peddigrohrbogen. Verfahrt so mit allen Löchern.

12. Wieviele Objekte hält die Brücke jetzt aus? Sind es mehr oder weniger als vorher?

Skizze des Versuchsaufbaus:

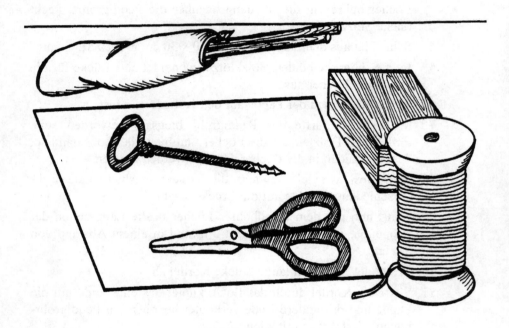

So kann dann die fertige Brücke aussehen:

71 Orientierungshilfen

geeignet für Klasse	Lehrer-/Schüler-Experiment (Gruppengröße)	Vorberei- tungszeit	Dauer des Experiments	Schwierig- keitsgrad
3/4	(1-2)	5 min	1 Tag	☺☺

Schlüsselwörter:
Himmelsrichtung, Sterne, Orientierung, Astronomie, Natur

benötigtes Material:
zur Orientierung bei Tage:
Sonne
Armbanduhr

zur Orientierung bei Nacht:
klarer Sternenhimmel

Einbindung in den Unterricht:
Mit diesem Experiment lässt sich den Schülern zum Thema „Früher und Heute" gut verdeutlichen, wie die Menschen früher auch ohne moderne Hilfsmittel in der Lage waren, sich nur mit Hilfe des Sternenhimmels zu orientieren.
In Verbindung mit diesem Experiment kann man die Schüler an die „Astronomie" heranführen und unter anderem weitere Sternbilder besprechen. Dazu kann man im Deutschunterricht die verschiedenen Sagen des Altertums zu den einzelnen Sternbildern besprechen und die Schüler diese z.B. nacherzählen lassen.

Lernziele / didaktische Hinweise
Die Schüler sollen lernen, wie sie auch ohne Kompass die Himmelsrichtung erkennen können. In diesem Fall nachts, indem sie sich an der Natur (dem Sternenhimmel) orientieren und tagsüber mit der einfachen Hilfe einer Armbanduhr. Außerdem sollen sie in der Lage sein, die anderen Himmelsrichtungen aus einer bekannten abzuleiten.

Beschreibung des Experiments:

zur Orientierung bei Tage: „Wo ist Süden?"
1. Nimm die Armbanduhr in die Hand und stell dich so hin, dass der Stundenzeiger in Sonnenrichtung zeigt.
2. Nimm dann den Raum zwischen dem Stundenzeiger und der 12 und halbiere diesen. Die „Winkelhalbierende" des kleineren Winkels zeigt in Richtung Süden.

zur Orientierung bei Nacht:
1. Suche dir am Sternenhimmel das Sternbild des „Großen Wagens" („Großer Bär"). In der Skizze kannst du sehen, wie er aussieht.
2. Nimm die dem Henkel gegenüberliegende Seite des Wagens und verlängere sie fünf mal, so wie es in der Zeichnung gezeigt wird.
3. Der helle Stern, auf den du dann triffst, ist der Nordstern. D.h., wenn du in seine Richtung gehst, wanderst du in Richtung Norden.

Skizze des Versuchsaufbaus:

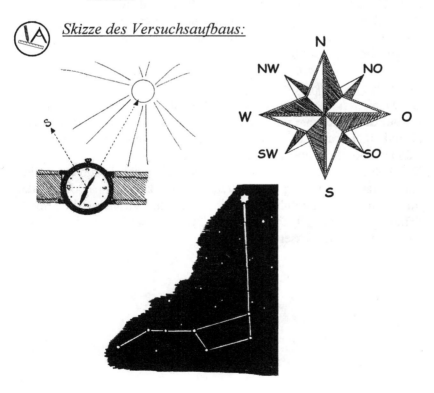

72 Die erstickte Pflanze

geeignet für Klasse	Lehrer-/Schüler-Experiment (Gruppengröße)	Vorberei-tungszeit	Dauer des Experiments	Schwierig-keitsgrad
3/4	(2-3)	10 min	7 Tage	☺☺

Schlüsselwörter:
Pflanze, Photosynthese, Blätter

benötigtes Material:
1 Pflanze mit grünen Blättern
Vaseline

Einbindung in den Unterricht:
Dieses Experiment kann in einer Unterrichtsreihe zum Thema „Photosynthese" verwendet werden. Der Lehrer kann im Rahmen einer Unterrichtsreihe zum Thema „Pflanzen" desweiteren näher auf die Lebensbedingungen der Pflanzen, deren Morphologie und Funktion eingehen. Hier sollte der Lehrer der Jahrgangsstufe entsprechend differenzieren.

Lernziele / didaktische Hinweise:
Die Schüler stellen nach Ablauf der Woche fest, dass nur die Blätter, die auf der Unterseite mit Vaseline bestrichen wurden verwelken und absterben. Daraus sollen sie die Schlussfolgerung ziehen, dass die Pflanze über die Unterseite der Blätter „atmet".
Der Lehrer sollte den Schülern das Modell eines Blattquerschnitts zur Veranschaulichung präsentieren. Hier kann der Begriff der Photosynthese eingeführt werden. Da die Vaseline die Spalt-öffnungen verstopft, kann die Pflanze weder Kohlendioxid aufnehmen noch Wasser abgeben.

Beschreibung des Experiments:

1. Bestreicht 2 oder 3 Blätter auf der Oberseite dick mit Vaseline.

2. Danach bestreicht ihr 2 oder 3 Blätter auf der Unterseite mit Vaseline.

3. Merkt euch die Blätter, damit ihr nachher wisst, welche der Pflanzenblätter auf der Blattoberseite, welche auf der Blattunterseite und welche gar nicht mit Vaseline beschmiert sind.

4. Beobachtet die Pflanze ungefähr eine Woche lang. In der Zeit müsst ihr sie natürlich gießen.

5. Was stellt ihr nach der Woche fest? Welche Pflanzenblätter haben sich verändert? Überlegt, was der Grund dieser Veränderung sein könnte.

 Skizze des Versuchsaufbaus:

73 Der Produktdesigner

geeignet für Klasse	Lehrer-/Schüler-Experiment (Gruppengröße)	Vorberei-tungszeit	Dauer des Experiments	Schwierig-keitsgrad
2 - 4	(2)	10 min	30 min	☺☺

 Schlüsselwörter:
Design, Werbung

 benötigtes Material:
verschiedene Materialien, aus denen sich eine Verpackung
herstellen läßt: Schachteln, Kartons,
Farben
Pinsel
Schere
Klebstoff
Lineal

 Einbindung in den Unterricht:
Dieses Experiment kann als fächerübergreifendes Projekt im
Sachunterricht durchgeführt werden. Der Lehrer sollte vor der
Durchführung mit den Schülern das Thema „Werbung" behandeln.
Er sollte auf die Möglichkeiten und Ziele der Werbung eingehen.
Diese Studie kann sich sowohl dem Themenkompex „Materialien
und Geräte" als auch „Mediengebrauch und Medienwirkung"
zuordnen lassen.
Die Förderung der Kreativität gehört zu den wichtigsten Zielen der
Grundschule und wird bei diesem Versuch durch das selbstständige
Gestalten erreicht.

Lernziele / didaktische Hinweise:
Bei der Entwicklung einer Produktverpackung müssen verschiedene
Gesichtspunkte beachtet werden. Die Werbung arbeitet nach
bestimmten Regeln, die den Schülern hier deutlich werden und die
sie auch anwenden. Die Konsumenten sollen durch die äußere
Erscheinung eines Produkts zu dessen Kauf animiert werden. Die
Schüler sollen sich mit dem Zweck und der Auswirkung der
Werbung befassen.

Beschreibung des Experiments:

1. Überlegt euch ein Produkt, für das ihr eine Verpackung herstellen wollt.

2. Beachtet, ob eure Verpackung folgendes erfüllt:
   - Funktion: Ist das Produkt sicher und haltbar verpackt. Habt ihr den Platz gut ausgenutzt?
   - Erscheinunsbild: Spricht die Verpackung den Käufer an? Ist die Verpackung auffällig gestaltet?
   - Umweltschutz: Aus welchen Materialien ist die Verpackung? Sind diese umweltschonend?

3. Sucht euch aus den Materialien einige aus und stellt eine Verpackung her.

4. Stellt alle Verpackungen in der Schule aus und macht eine Schülerumfrage, in der ihr die Schüler fragt, welches Produkt sie kaufen würden, und warum gerade diese Verpackung so ansprechend wirkt. Wertet eure Ergebnisse in der Klasse aus.

Skizze des Versuchsaufbaus:

74 Schreiben, wie in alten Zeiten

geeignet für Klasse	Lehrer-/Schüler-Experiment (Gruppengröße)	Vorberei-tungszeit	Dauer des Experiments	Schwierig-keitsgrad
1 - 4	(20)	5 min	45 min	☺☺

Schlüsselwörter:
Früher und heute, Federn, Schreibgerät, Fortschritt

benötigtes Material:
1 feuerfeste Auflaufform oder Topf
1 Schüssel
Wasser
Sand
Backofen
1 große Feder (für jedes Kind)
1 scharfes Küchenmesser
Tinte
Papier

Einbindung in den Unterricht:
Dieser Versuch kann in einer Unterrichtsreihe zum Thema „Früher und Heute" durchgeführt werden. Der Lehrer sollte hier differenzie-ren. Dieser Versuch lässt sich gut fächerübergreifend behandeln im Rahmen eines Projekttages zum Thema „Früher und Heute".
Die Schüler können selbst Informationen sammeln: z.B. durch Ge-spräche mit Älteren. Ihre Ergebnisse können dann schriftlich oder auch in Form von Collagen festgehalten werden.

Lernziele / didaktische Hinweise:
Die Schüler sollen am Beispiel des Füllfederhalters die Entwicklung und Funktionsweise von Schreibgeräten kennenlernen. Weiterfüh-rend kann auch auf die Weiterentwicklung weiterer Haushaltsgeräte eingegangen werden.
Die Schüler erweitern ihre Kenntnisse im technischen Erfahrungs-bereich durch die Untersuchung und den Gebrauch von Maschinen und Geräten. Außerdem sollen sie für die Veränderungen der Le-bensbedingungen und den Fortschritt sensibilisiert werden.

Beschreibung des Experiments:

1. Füllt die Schüssel mit Wasser und legt die Federn hinein. Lasst sie etwa 15 Minuten einweichen, damit der Federkiel (das ist der untere Teil der Feder) leichter zu bearbeiten ist.

2. In der Zwischenzeit könnt ihr den Sand in die Auflaufform geben und es im Backofen erhitzen.

3. Nehmt die Feder aus dem Wasser und bringt sie euren Lehrer. Er wird dann die Spitzen vorsichtig mit dem scharfen Messer-schräg abschneiden Es entsteht eine ovale Öffnung im Feder-kiel.

4. Danach schneidet er die äußerste Spitze ab und schneidet einen senkrechten Spalt hinein.

5. Holt den heißen Sand aus dem Ofen und steckt die Federn mit dem Federkiel in den Sand, dadurch soll die Spitze abgehärtet werden. Laßt die Federn etwa 5 Minuten im Sand.

6. Wenn ihr den Federkiel nun in die Tinte taucht, könnt ihr damit schreiben.

 Skizze des Versuchsaufbaus:

75 Die Schreckkarte

geeignet für Klasse	Lehrer-/Schüler-Experiment (Gruppengröße)	Vorberei-tungszeit	Dauer des Experiments	Schwierig-keitsgrad
1 - 4	(1-2)	5 min	15 min	☺

Schlüsselwörter
Potentielle Energie, kinetische Energie

benötigtes Material:
1 Briefumschlag
1 feste Pappkarte, die in den Umschlag paßt
1 Gummi
Schere oder Teppichmesser
Bunte Stifte

Einbindung in den Unterricht:
Dieser Versuch eignet sich für die Einführung in das Unterrichtsthema „Energie". Im Vorfeld sollte der Lehrer die Begriffe potentielle und kinetische Energie erläutern. Energie geht nicht verloren, sie wird immer nur von einer Energieform in eine andere umgewandelt.

Lernziele / didaktische Hinweise:
Die Schüler erfahren, dass es verschiedene Energieformen gibt. In diesem Experiment lernen die Schüler den Unterschied zwischen potentieller und kinetischer Energie kennen. Durch das Drehen der Pappzunge wird potentielle Energie erzeugt. Diese wird dann in kinetische, d.h. Bewegungsenergie umgeformt, wenn die Zunge losgelassen wird und sie sich dann anfängt zu drehen.
Ein weiteres Beispiel für potentielle Energie ist unsere Nahrung, sie wird vom Körper verarbeitet und z.B. in kinetische Energie umgewandelt, wenn wir laufen.

Beschreibung des Experiments:

1. Schneidet aus der unteren Hälfte der Pappkarte ein kleines Rechteck aus (etwa 2 cm breit und 3 cm lang).

2. Zeichnet dann ein unheimliches Gesicht auf die Karte, so dass das ausgeschnittene Rechteck die Mundöffnung darstellt.

3. Verkleinert nun das ausgeschnittene Rechteck, es muss sich im Loch drehen können. Malt eine Zunge darauf.

4. Zieht nun das Gummiband über die Karte, so dass es genau über der Öffnung liegt.

5. Schiebt dann die Zunge zwischen das Gummi und dreht sie soweit es geht, so wie ihr es auf der Skizze seht.

6. Steckt die Karte mit der aufgedrehten Zunge in den Umschlag. Wenn ihr den Umschlag dann deinen Eltern, Geschwistern oder Freunden schenkst, kannst ihr sie erschrecken.

 Skizze des Versuchsaufbaus:

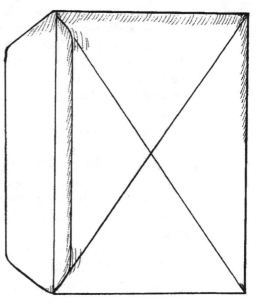

76 Forschungsaufgabe: „Je dunkler die Haare, desto dunkler die Augen"

geeignet für Klasse	Lehrer-/Schüler-Experiment (Gruppengröße)	Vorberei-tungszeit	Dauer des Experiments	Schwierig-keitsgrad
3/4	(2-3)	20 min	1 Tag	☺☺

Schlüsselwort:
Forschungsaufgabe, Körper

benötigtes Material:
Stifte   Papier
Lineal   Farben
Pappe   30-50 verschiedene Personen

Einbindung in den Unterricht:
Dieses Experiment lässt sich dem Thema „Körper" zuordnen. Im Anschluss kann man die Schüler weitere Hypothesen untersuchen lassen: „Die größten Menschen haben die größten Füsse", „Die Fußlänge entspricht der Unterarmlänge (vom Ellenbogen bis zum Handgelenk)". Es wäre ratsam, im Vorfeld einige Tabellenarten vorzustellen: Säulendiagramme, Kurven usw. Den Schülern soll jedoch auch die Möglichkeit gegeben werden, selbstständig zu überlegen, wie die gesammelten Fakten dargestellt werden können.

Lernziele / didaktische Hinweise:
Die Schüler sollen eine Behauptung überprüfen, in diesem Fall die Hypothese, dass die Augenfarbe dunkler wird je dunkler die Haarfarbe ist. Sie sollen tabellarisch Fakten zusammentragen und auswerten, inwiefern diese die Behauptung stützen oder widerlegen und so lernen Zusammenhänge zu erkennen. Sie sollen mit den verschiedenen Möglichkeiten der Strukturierung und Erschließung von Interpretation vertraut werden. Des weiteren sollen sie lernen, ihre Schlussfolgerungn optisch ansprechend zu präsentieren: in Form einer Collage, eines Plakats oder ähnlichem.

Beschreibung des Experiments:

Ihr habt sicher schon die Bemerkung gehört, dass dunkelhaarige Menschen dunkle Augen und blonde Menschen blaue Augen haben. Diese Behauptung sollt ihr nun untersuchen:

1. Erstellt eine Tabelle in der ihr die Haar- und Augenfarbe eintragt. Wie ihr diese erstellt bleibt euch überlassen.

2. Untersucht zuerst einige Mitschüler und tragt die Augen- und Haarfarbe in eure Tabelle ein. Danach könnt ihr weitere Personen erforschen: eure Eltern, Nachbarn, Freunde, Bekannte.

3. Sammelt alle möglichen Kombinationen von Augen- und Haarfarben und notiert dann wie viele ihr von jeder Art entdeckt habt.

4. Was stellt ihr fest? Besteht ein Zusammenhang zwischen der Augen- und der Haarfarbe? Stimmt es, dass blonde Menschen blaue Augen haben?

Skizze des Versuchsaufbaus:

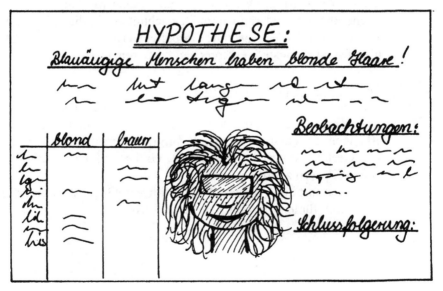

77 Wir machen Ordnung

geeignet für Klasse	Lehrer-/Schüler-Experiment (Gruppengröße)	Vorberei-tungszeit	Dauer des Experiments	Schwierig-keitsgrad
1 - 4	(2)	20 min	10 min	☺☺

 Schlüsselwort:
Ordnungssysteme, Klassifizierungen

 benötigtes Material:
viele verschiedene Objekte:
-aus unterschiedlichem Material
-anderen Eigenschaften
-verschiedenen Größen, Formen und Farben

 Einbindung in den Unterricht:
Diese Studie kann sowohl dem Thema „Materialien und Geräte" als
auch „Werkstoff und Werkzeuge" zugeordnet werden.
Fächerübergreifend können im Deutschunterricht die Adjektive zum
Beschreiben der Gegenstände erarbeitet werden. Der Lehrer sollte
hier der Jahrgangstufe entsprechend differenzieren.

Lernziele / didaktische Hinweise:
Die Schüler sollen sich mit den verschiedenen Arten von
Klassifizierungen und Ordnungsystemen auseinandersetzen und
erkennen, dass man Gegenstände aufgrund verschiedener Merkmale,
wie Gestalt, Material, Eigenschaft, Größe und Farbe unterschiedlichen Klassen zuordnen kann.
Sie sollen mit allen Sinnen die Vielfalt von Gegenständen erfahren,
also durch fühlen, riechen, schmecken, usw.

Beschreibung des Experiments:

1. Tragt etwa 20 verschiedene Gegenstände zusammen. Sie sollten unterschiedlich groß sein, aus unterschiedlichen Materialien und Formen bestehen und andere Eigenschaften haben.

2. Überlegt euch dann, wie man diese Dinge sortieren könnte. Nach welchen Gesichtspunkten geht ihr vor?

3. Vergleicht zum Schluss eure Einordnung mit denen eurer Klassenkameraden. Haben sie nach den gleichen Kriterien eingeordnet?
   Diskutiert im Anschluss warum ihr euch für eure Einordnung entschieden habt.

Skizze des Versuchsaufbaus:

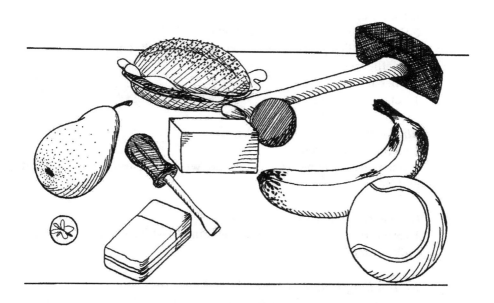

78 Der Instrumentenbauer

geeignet für Klasse	Lehrer-/Schüler-Experiment (Gruppengröße)	Vorberei-tungszeit	Dauer des Experiments	Schwierig-keitsgrad
3/4	(1)	15 min	40 min	☺☺

Schlüsselwörter:
Instrumente, Schall

benötigtes Material:
für die Gitarre:
Gummiringe unterschiedlicher Länge und Dicke
1 Schuhkarton oder Kleenexschachtel
2 kleine Holzleisten, die so lang wie eine Schachtelseite sind
1 Schere

für die Panflöte:
6 Bambusstücke (die Bambusstücke sollte der Lehrer vorher in unterschiedlich lange Stücke zwischen 5 und 20 cm gesägt haben.)
Modelliermasse
Klebeband
1 Schere

für die Rasseln:
1 leere Plastikflasche
Verschiedene kleinere Gegenstände, wie Kieselsteine, Perlen, Sand und Reis

für die Tromme:l
1 leeren Behälter wie zum Beispiel eine Plastikschüssel
1 Plastiktüte

Einbindung in den Unterricht:
Der Versuch kann fächerübergreifend als Stationenbetrieb in dem Themenkomplex „Instrumente" eingebunden werden. Der Schwerpunkt kann hier einerseits in dem Prozess der Herstellung, aber auch im Umgang mit den Instrumenten liegen. Der Lehrer sollte in dieser Unterrichtsreihe auch auf die Entstehung von Tönen eingehen.

Lernziele / didaktische Hinweise:

Die Schüler bauen bei diesem Versuch aus einfachen Alltagsmaterialien verschiedene Instrumente. Der sichere Umgang mit Werkzeug gehört auch zu den Lernzielen, die bei diesem Versuch erreicht werden können. Zudem lernen die Schüler die Entstehung von Tönen besser kennen. Sie erkennen, dass bei der Gitarre die Spannung der Saiten den Ton bestimmt. Bei der Panflöte wird die Luft im Inneren der Bambusröhren in Schwingung versetzt. Die Schüler erkennen, dass kürzere Pfeifen höhere Töne erzeugen, da kleinere Luftmengen schneller schwingen.

Beschreibung des Experiments:

Die Gitarre:

Schneide in den Deckel deiner Schuhschachtel eine große ovale Öffnung. Rechts und links von der Öffnung klebst du, wie man auf der Skizze erkennen kann, die Holzstücke auf den Deckel. Spanne jetzt die Gummiringe in einem Abstand von 1 cm über die Schachtel.

Die Panflöte:

Verschließe je eine Öffnung deiner 6 Bambusröhren mit der Modelliermasse. Ordne dann die Röhren der Länge nach so wie du es auf der Skizze sehen kannst. Verbinde sie nun mit dem Klebeband. Spielen kannst du auf der Panflöte, indem du die offenen Enden der Flöte an die Unterlippe hältst und dann vorsichtig hineinbläst.

Die Rasseln:

Bemale eine Plastikflasche, die dann deine Rassel bilden soll. In die Flasche füllst du verschiedene Gegenstände, die immer wieder neue Töne erzeugen.

Die Trommeln:

Für die Herstellung einer Trommel brauchst du Hilfe von einem Freund. Schneidet die Naht der Plastiktüte auf, so dass ihr eine große Fläche erhaltet. Haltet euren leeren Behälter mit der offenen Seite auf die Plastiktüte und schneidet rund um diesen Behälter ein Stück aus. Überall sollte ein Rand von mindestens 10 cm bleiben. Jetzt hält einer den Behälter und der andere spannt die Folie und klebt sie an den Rändern fest. Die Trommel schlägst du mit den Fingern, der Hand oder mit dünnen Holzstäben.

Skizze des Versuchsaufbaus:

Trommel

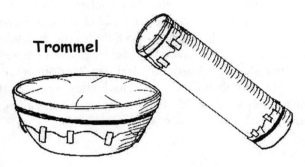

Rassel

Panflöte

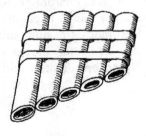

Gitarre

79 Der magische Löffel

geeignet für Klasse	Lehrer-/Schüler-Experiment (Gruppengröße)	Vorberei-tungszeit	Dauer des Experiments	Schwierig-keitsgrad
3/4	(1)	5 min	10 min	☺☺

Schlüsselwörter:
Luftdruck

benötigtes Material:
deine Nase
1 Glas warmes Wasser
1 Teelöffel
1 Serviette oder Papiertaschentuch

Einbindung in den Unterricht:
Dieser Versuch kann in eine Unterrichtsreihe zum Thema „Luft" eingebunden werden. Der Lehrer sollte darauf eingehen, dass sich Luft bei Erwärmung ausdehnt (das Volumen nimmt zu) und bei Kälte sich das Luftvolumen wieder verringert. In Verbindung mit diesem Versuch können auch der „Unterwasservulkan" oder „Der Luftdruck" durchgeführt werden.

Lernziele / didaktische Hinweise:
Die Schüler sollen erkennen, dass der Löffel durch eine Art Vakuum an der Nase gehalten wird. Zwischen Nase und Löffel befindet sich ein kleines Luftpolster. Bei der Erwärmung durch den Löffel dehnt sich die Luft aus. Die Luft kühlt sich dann aber sehr schnell ab und zieht sich zusammen. Durch den so entstandenen Unterdruck bleibt der Löffel an der Nase haften.

Beschreibung des Experiments:

1. Fülle ein Glas mit warmen Wasser und stelle deinen Löffel solange in das Wasser, bis er warm geworden ist.

2. Hole nun den Löffel aus dem Wasser und trockne ihn mit der Serviette kurz ab.

3. Lege den Kopf nach hinten. Drücke den Löffel mit der Wölbung nach innen fest auf deine Nase.

4. Stell dich jetzt langsam wieder gerade hin und lass den Löffel los.

5. Bewege dich langsam. Wie lange bleibt der Löffel an deiner Nase? Überlege warum der Löffel an der Nase haftet.

Skizze des Versuchsaufbaus:

80 Bunte Flammen

geeignet für Klasse	Lehrer-/Schüler-Experiment (Gruppengröße)	Vorbereitungszeit	Dauer des Experiments	Schwierigkeitsgrad
1 - 4		20 min	10 min	☺☺

Schlüsselwort:
Feuerwerk, chem. Reaktionen, Flamme

benötigtes Material:
Magnesiastäbchen (in Laborbedarfsläden erhältlich)
Bunsenbrenner
Verbindungen mit Natrium z. B. Natriumchlorid
                       Kalium z.B. Kaliumchlorid
                       Calcium
                       Lithium

Einbindung in den Unterricht:
In diesem Versuch steht der Themenbereich „Stoffe und ihre Eigenschaften" im Vordergrund. Der Lehrer sollte seinen Unterricht so strukturieren, dass den Schülern einerseits die chemischen Grundlagen deutlich werden und er andererseits die Schüler auf die Verwendung im Alltag zum Beispiel bei einem Feuerwerk hinweist.

Lernziele / didaktische Hinweise:
Den Schülern ist aus dem Alltag meistens die Flammenfarbe gelb bekannt. Eine Ausnahme stellt das Feuerwerk dar. Die Schüler sollen verstehen, dass es sich hierbei auch um Flammen handelt.
Der chemische Aspekt der Flammenfarbe ist für die Schüler von besonderer Bedeutung. In diesem Fall dient die Unterscheidung der Flammenfarbe als Nachweisverfahren für die verschiedenen Metallverbindungen.

Beschreibung des Experiments:

1. Geben Sie auf das vordere Ende des Magnesiastäbchens etwas Natrium-, Kalium -, Calcium- oder Lithiumchlorid.

   Achten Sie darauf, dass Sie immer neue Stäbchen verwenden, oder sich keine den Versuch verfälschenden Reste mehr daran befinden.

2. Das Magnesiastäbchen wird dann in die Bunsenbrennerflamme gehalten.

3. Die Beobachtung sollte von den Schülern notiert werden.

Skizze des Versuchsaufbaus:

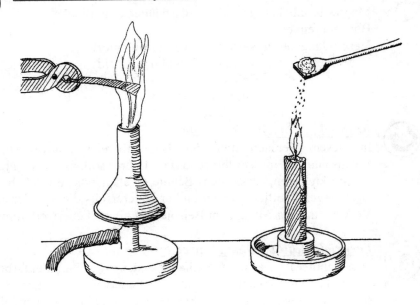

Element	Flammenfärbung
Lithium	rot
Natrium	gelb
Kalium	violett
Calcium	ziegelrot

Schlüsselworttabelle

Schlüsselwort	Versuchsnummer
A	
Aggregatzustände	7
Ameisensäure	48
Architektur	70
Astronomie	71
Auftrieb	14
Autonomie	71
Augen	36, 39
Ausflockung	53, 54
B	
Batterie	26, 27
Biotop	44
Blätter	72, 56
Bodentiere	44, 48
Bohne	47
Brücken	70
Brauselimonade	10
C	
Chemische Reaktion	9, 10, 11, 15, 80
D	
Denaturierung	53, 54
Design	73
Dichte	12, 13, 14, 67
Dimmer	29
Druck	13, 62, 65
E	
Ei,	52, 53, 54, 58, 70
Eis	13
Elektrizität	20, 31, 23, 24, 27, 28
Elektrostatische Ladung	23, 24, 25, 31
Energie	2, 3, 75

Schlüsselwort	Versuchsnummer
Ernährung	49, 67, 51
Erste Hilfe	37
Europa	68
F	
Filter	19
Feuerwerk	80
Flammen	80
Fliehkraft	63
Fliegen	60
Früher und heute	64, 71, 74
G	
Gaskanone	11
Gebiss	40
Gehör	34
Geographie	68
Geruch	32
Geschichte	74
Geschmack	32, 33
Gleiten	59
Gewebe	64
Gummiherstellung	8
H	
Herzschlag	37
Himmelsrichtung	4, 69, 71
Hoverkraft	59
Hubschrauber	60
I	
Insekten	44, 48, 55
Instrumente	78
K	
Kandieren	51
Karten lesen	69
Keimen	47
Klassifizierung	77
Kleintiere	44, 48
Kohlendioxid	10, 11
Knetgummi	6

Schlüsselwort	Versuchsnummer
Körper	37, 40, 64
Körpersprache	38
L	
Lebensmittel	32, 33, 42, 49, 53 ,54, 58, 67
Licht	43
Linse	66
Lösung	12, 15
Luftdruck	61, 65, 79
Luftfeuchtigkeit	50
M	
Magnetismus	20, 21, 22
Maßstab	69
Mimik	38
Moos	57
Musik	17, 78
N	
Natur	41, 44, 71
Niederschlag	18
O	
Ökologie	44
Ökologische Nische	55
Optische Täuschung	36, 39
Ordnungssysteme	77
Orientierung	4, 69, 71
P	
Pflanze	43, 45, 46, 47, 50, 51, 56, 57, 72
Photosynthese	72
Proteine	53, 54
Puls	37
R	
Radiowellen	30
Reflexion	3
Reibung	59
S	
Salzwasser	12
Schreibgerät	74
Schmelzen	7, 13

Schlüsselwort	Versuchsnummer
Säure	42, 58
Schall	17, 34, 35, 30, 78
Schalter	27
Sinne	32, 33, 34, 35, 36, 41
Sonne	1, 2, 3, 4, 5, 18
Schlittschuhläufer	13
Solarenergie	2, 3, 5
Sonnenuhr	1, 4
Spiegel	9
Sterne	71
Stromkreis	27, 26, 28, 29
T	
Tannenzapfen	50
Töne	17, 35
Tulpenblüte	56
U	
Umweltverschmutzung	45
V	
Verdunstung	18
Veilchen	52
Verdauung	42
Vitamin C- Nachweis	49
W	
Wasser	15, 16, 17, 18, 19, 57, 62, 65
Wachstum	43
Wachsmalstifte	7
Wärmeweiterleitung	16
Wärme	2, 14, 16, 18
Waschmaschine	63
Werbung	73
Wetter	62
Wurzel	46
Z	
Zeitmessinstrumente	1
Zähne	40 58
Zellen	64
Zentrifugalkraft	63

Literatur- und Quellenverzeichnis

Arbeitslehre Lernbereich: Technik 7/8
Cornelsen Verlagsgesellschaft: Bielefeld, 1987

Archer, Rex; Banks, Jeremy: World Of Electronics
Usborne Publishing Ltd.: London, 1982

Ardley, Neil: Gulliver Books: The Science Book Of Things That
Grow
Harcourt, Brace & Company: London 1991

Bartl, A.; Schwandt, S.: Tolle Tips für Experimente mit Pfiff
Benziger Edition im Arena Verlag: Würzburg, 1994

Becher, Hans Rudolf; Bennack, Jürgen: Taschenbuch Grundschule
Schneider Verlag Hohengehren GmbH: Baltmannsweiler, 1995

Blackwell, F.; Bourne, E.; Eve P.: The Knowhow Book of
Experiments
Usborne Publishing Ltd.: London, 1997

Cobb, Vicki: More Science Experiments- You Can Eat
Harper Collins Publishers: 1995

Daley, Michael: Amazing Sun Fun Activities
Learning Triangle Press: 1998

Franklin Institute Science Museum Book: The Ben Franklin Book
Of Easy & Incredible Experiments
John Wiley & Sons, Inc.: 1995

Hixson, B.K.: Zero to Einstein
The Wild Goose Company: 1989

Hughes, Colin; Wade, Winnie.: How To Be Brilliant At Science
Investigations
Brilliant Publications: Lemington Spa, 1995

Hutchings, Merryn; Ross, Alistair: Bright Ideas – Geographie
Scholastic Publications Ltd.: Leamington Spa, 1990

Kenda, Margaret; Williams, Phyllis S.: Science Wizardry For Kids
Barron's Educational Series, Inc.: New York, 1992

Kent, Amanda; Beeson, David: Introduction To Physics
Usborne Publishing Ltd.: London, 1983

Kratz, Michael: Cola verdaut Fleisch
AOL-Verlag: Lichtenau, 1997

Kremer, Armin; Stäudel, Lutz: Umwelt erkunden-Umwelt verstehen
Baustein „Wetterbeobachtung–Klima–Klimagefahren"
Landesinstitut für Schule und Weiterbildung: Soest, 1994

Kremer, Armin; Stäudel, Lutz: Umwelt erkunden-Umwelt verstehen
Baustein „Feuer"
Landesinstitut für Schule und Weiterbildung: Soest, 1994

Kultusminister des Landes NRW: Richtlinien und Lehrpläne des
Sachunterrichts
Greven Verlag Köln GmbH: Köln, 1985

Murphy, Bryan: Experiments With Senses
Two-Can Publishing Ltd.: Ocala, 1992

Schmidt, Hans; Byers, Andy: Biologie-einfach anschaulich
Verlag an der Ruhr: Mülheim an der Ruhr, 1995

Taylor, Barbara: Fun With Simple Science – Batteries And Magnets
Kingfisher Books, Grisewood and Dempsey Ltd.: London, 1991

The Thomas Edison Book Of Easy And Incredibble Experiments
The Thomas Alva Edison Foundation:

Usborne Science Activities: Science With Magnets
Usborne Publishing Ltd.: London, 1992

Van Cleave, Janice: Molecules
John Wiley & Sons, Inc.: 1993

Van Cleave, Janice: Earthquakes
John Wiley & Sons, Inc.: 1993

Van Cleave, Janice: Volcanoes
John Wiley & Sons, Inc.: 1994

Vecchione, Glen: 100 Amazing Make-It-Yourself Science Fair
Projects
Sterling Publishing Company, Inc.: New York, 1994

Walpole, Brenda: 175 Science Experiments To Amuse And Amaze
Your Friends
Grisewood & Dempsey Ltd.: New York, 1988

Waters, Gaby: Lustige Experimente
Ars edition: München, 1989

Wood, Robert W.: Physics For Kids - 49 Easy Experiments With
Mechanics
TAB Books, Blue Ridge Summit, 1989

Internet-Seiten

http://www.emil-gruenbaer.de/mo_thema/ameisen/experi_2.htm

http://www.geo.de/geolino/experimente/versuche_ei/index.html

http://www.geo.de/geolino/experimente/versuche_pflanzen/index.htm

http://www.kidsweb.de/basteln/knete.htm

http://www.teachers.net/lessons/posts/191.html

http://www.teachingideas.co.uk/dtf/bridge.htm

http://www.teachingideas.co.uk/dtf/package.htm